LIEBE LESERIN, LIEBER LESER,

den Camper packen, und auf geht's ins nächste Abenteuer! Neue Orte entdecken und dabei das rollende Zuhause immer dabeihaben – Camping ist für mich, genau wie für viele andere, die perfekte Reiseform.

Die Recherchen zu diesem Buch waren mir dementsprechend eine große Freude. Neue spannende Orte, tolle Begegnungen und ganz viel Spaß warteten auf mich, denn in den Nachbarländern rund um Deutschland gibt es jede Menge zu entdecken!

Ich hoffe, beim Durchblättern dieses Buches werden die Hummeln im Hintern wach! Der Camper scharrt sicher schon mit den Reifen ...

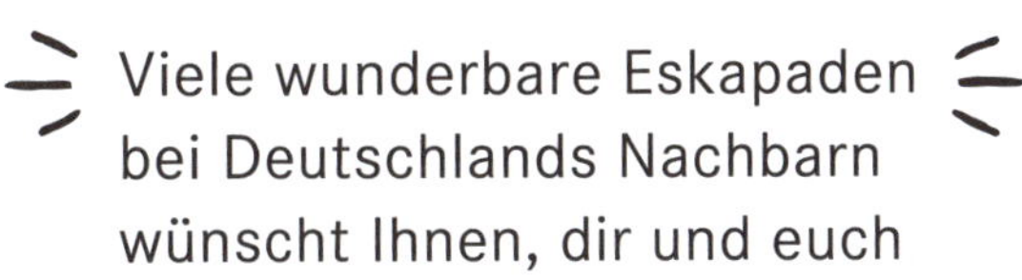

Anja Hänisch

PS: Informationen zum GPX-Download gibt's auf Seite 210.

IM NORDWESTEN
AB SEITE ...

IM OSTEN
AB SEITE ...

IM SÜDEN
AB SEITE ...

Abenteuer

ESKAPADEN

AUSZEIT

AUSGLEICH

Wochenende

LÄCHELN

STADT. LAND. FLUSS.

LEICHTIG-KEIT

FREE

ERLEBEN

GRÜN

kleine Fluchten

Wege

Lebensfreude

NATUR

GLÜCK

von Anja Hänisch

AUSZEIT.
ABENTEUER.
LEBENSFREUDE.

1. KAPITEL – IM NORDWESTEN

Dänemark, Niederlande, Belgien & Luxemburg

Am Autostrand entspannen, die Watteninsel Schiermonnikoog erradeln und auf dem Nisramont-Stausee paddeln – im Nordwesten warten zahlreiche Erlebnisse.

DÄNEMARK

ZWISCHEN EBBE UND FLUT

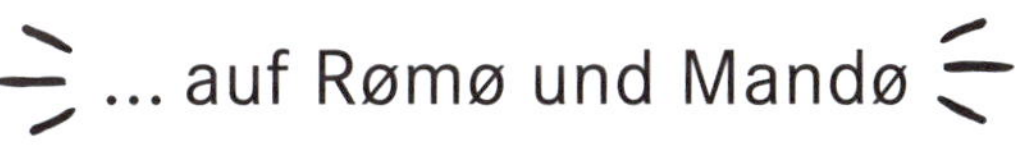

Mit dem Wohnmobil geht es auf den Strand von Rømø. Am nächsten Tag wartet Mandø, die einzige Gezeiteninsel Dänemarks. Der Schotterweg auf die Insel ist nur bei Ebbe befahrbar, deshalb steigt man zur Sicherheit auf einen Traktorbus um.

#Autostrand #SandimCamper #Nordsee #Ebbe&Flut

Sanft gleitet der Camper über die Straße. Links und rechts spiegelt sich glitzernd die Sonne auf dem Wasser der Nordsee. Es ist gerade Flut. Bei Ebbe zieht sich das Wasser zurück und gibt den Blick auf den Meeresboden frei. In der Ferne ist die Insel Rømø schon zu erkennen. Bald weicht das Wasser grünen Wiesen, auf denen weit verteilt Schafe zufrieden saftiges Gras futtern oder einfach in der Sonne dösen.

Der knapp 9,2 Kilometer lange Rømø-Damm, über den man die Insel erreicht, ist nicht natürlich entstanden. Der Damm gründet direkt auf dem Grund des Wattenmeeres und mehr als zwei Millionen Kubikmeter Erde wurden beim Bau aufgeschüttet. Vor der Fertigstellung 1948 war die Insel nur per Boot erreichbar.

Auf Rømø angekommen, fährt man geradeaus und gelangt bald nach Lakolk mit einem Strand, der es in sich hat. Sand, so weit das Auge reicht. Der Strand ist unglaublich breit und kilometerlang. Das Beste jedoch ist, dass man ihn mit dem Auto sowie mit dem Wohnmobil auf einer Breite von zwei Kilometern befahren darf. Kaum verwunderlich, dass hier stets etwas los ist. Wohnmobilist:innen verbringen hier gern den Tag, und auch jede Menge Besucher:innen mit Autos lieben es, vor Ort einfach eine schöne Zeit zu haben.

Der Sand ist sehr fest; nur ab und an gibt es lockere Stellen. Diese sollte man umfahren oder zumindest mit Schwung durchqueren. Wer auf Nummer sicher gehen möchte, bleibt am oberen Rand des Strandes. Alternativ lässt

Auf Rømø wechseln sich lange Strände, Wälder und Heidelandschaften ab. Die Mühle (rechts) ist das Wahrzeichen der Insel Mandø.

es sich fast bis zum Wasser hinunterfahren. Aber Obacht! Nicht zu dicht ran, denn man muss natürlich Ebbe und Flut einkalkulieren.

Hat man einen schönen Platz gefunden, empfiehlt es sich, die Windrichtung zu prüfen und den Camper so abzustellen, dass er als Windschutz dient und man im Windschatten draußen sitzen kann. Blickt man sich um, wirkt die ganze Szenerie fast unwirklich: Autos und Wohnmobile verteilen sich auf diesem wahnsinnig großen Strandabschnitt, dazwischen tanzen bunte Schirme und Drachen.

Das Meer rauscht gleichmäßig, und die Möwen vollführen wilde Flugmanöver im Wind. Bei einem Spaziergang lässt sich die besondere Atmosphäre in vollen Zügen genießen. Je nachdem, wo man parkt, kann der Weg zum Wasser allerdings ganz schön lang sein.

Anschließend wird die Camperküche angeschmissen. Mit Blick über den weiten Strand kommt einem selbst ein einfaches Gericht wie aus der Sterneküche vor. Ein unvergesslicher Gaumenschmaus mitten am Strand von Rømø. Danach ist erst einmal eine kleine Verdauungspause in der warmen Sonne angesagt. So klingt der Nachmittag gemütlich aus.

Langsam neigt sich der Tag dem Ende zu, und es ist Zeit, sich auf den Weg zum heutigen Stellplatz zu machen. Der Sonnenuntergang taucht alles in ein warmes Licht, während der Camper gemächlich auf den Strandausgang zurollt.

Mit über 200 Plätzen ist der Oasen Rømø wirklich groß, aber an den Wochenenden, insbesondere in der Hauptsaison, kann es dort sehr voll sein. Eine telefonische oder eine Online-Reservierung vorab ist nicht möglich. Die Buchung erfolgt ausschließlich vor Ort und voll automatisiert. Doch keine Sorge, das ist unkompliziert. Zunächst sucht man sich einen Platz aus: Freie Stellplätze sind grün gekennzeichnet, besetzte rot. Gebucht wird am Automaten, und sobald bezahlt ist, markiert man seinen Stellplatz rot. So ist er auch dann besetzt, wenn man ihn noch einmal verlässt. Es kann also von Vorteil sein, zuerst hier vorbeizufahren, sich einen Platz zu sichern und dann entspannt den Autostrand zu besuchen.

Nach einer erholsamen Nacht erwacht die Abenteuerlust, denn es gibt noch so viel mehr zu entdecken. Die 130 Quadratkilometer große Insel hat nicht nur unendlich lange Strände, sondern auch dichte Wälder, hohe Dünen und malerische Heidelandschaften. Nur wenige Kilometer vom Stellplatz entfernt befindet sich die Kirkeby Plantage, ein wunderschönes Gebiet mit Bergkiefernwald, Strandwiesen und einem See. Eine gelb gekennzeichnete Route markiert einen circa fünf Kilometer langen Rundweg. Parkmöglichkeiten bieten die beiden Parkplätze am Havnebjergvej. Der Weg führt zunächst auf einem sandigen Waldpfad durch das Grün. Der Boden ist moosbewachsen, Licht schimmert durch die Blätter. Bald kommt man am Hviddal Sø, einem kleinen idyllisch gelegenen Waldsee, vorbei. Am Ufer genießen Familien ein entspanntes Picknick, während Angler:innen auf den Fang des Tages hoffen.

Für den fünf Kilometer langen Rundweg über die Kirkeby Plantage folgt man dem gelben Pfeil. Rechts: Marschlandschaft an der Küste vor Mandø.

Der Weg führt auch zum Spidsbjerg, dem höchsten Punkt auf Rømø. Von diesem kleinen Berg eröffnet sich eine fabelhafte Aussicht über die Dünenlandschaft. Im Süden erblickt man die kleine Ortschaft Havneby, und bei klarem Wetter erkennt man sogar noch die Insel Sylt. Im Norden erstreckt sich die Kirkeby Plantage, und man sieht den Rømø-Damm. Auf dem Spidsbjerg zeigt sich sehr eindrucksvoll, wie abwechslungsreich die Insel ist.

Nun geht es ein Stück die Heide entlang. Nur gelegentlich trifft man andere Menschen, die spazieren gehen oder Radtouren unternehmen. Dann befindet man sich wieder im Wald, der durch sanfte Hügel geprägt ist, und gelangt so zurück zum Ausgangspunkt des Rundwanderwegs.

Auf einigen der Plätze auf dem Stellplatz Oasen Rømø steht man direkt an einem kleinen See.

Anschließend geht es wieder über den Rømø-Damm, denn die nächste Insel ruft bereits. Mandø ist Rømøs nördliche Nachbarinsel, keine acht Quadratkilometer groß und die einzige dänische Gezeiteninsel. Eine solche zeichnet sich dadurch aus, dass sie je nach Stand der Gezeiten mit dem Festland verbunden oder von Wasser umgeben ist. Nach Mandø kommt man über den Låningsvej. Doch Vorsicht, der Damm ist bei Hochwasser nicht passierbar, da er lediglich aus Schotter besteht und nur 55 Zentimeter über dem Wattboden liegt. Wer mit dem Camper auf die kleine Insel möchte, sollte sich also vorher gut informieren. Auf Mandø gibt es auch einen kleinen Campingplatz.

Um kein Risiko einzugehen, bleibt der Camper aber am besten auf dem großen Parkplatz des Wattenmeerzentrums stehen und man steigt in einen der Mandø-Busse – Traktoren mit großen Anhängern. Je nach Wetterlage nehmen diese den besagten Schotterweg oder sie befahren den Ebbevej direkt durch das Watt. Letzterer ist wirklich nur für Traktoren passierbar und ein ganz besonderes Erlebnis. Die Strecke ist von der Watt- und Marschlandschaft geprägt, und das saftige Grün der Salzwiesen leuchtet im Sonnenschein. Dazwischen immer wieder Wasser.

Die riesigen Reifen des Mandø-Busses rollen langsam, aber stetig den kilometerlangen Schotterweg entlang. Als die Insel näher rückt, stehen die ersten Schafe auf den Wiesen. Sie sehen wirklich zufrieden aus und strahlen die Ruhe aus, die diesen besonderen Ort ausmacht.

Auf Mandø angekommen, geht es zu Fuß in Richtung Meer. Hinter den Dünen fällt dabei eine hölzerne Säule mit einer Frauenfigur ins Auge. An dieser Säule sind die Wasserstandsmarken vergangener Sturmfluten angebracht. Heute ist das Meer ganz ruhig, und es ist kaum vorstellbar, wie hoch das Wasser in der Vergangenheit schon gestiegen ist.

Bei Ebbe werden die Schuhe für ein paar Schritte durch das Watt kurzerhand abgestellt. Neben seinen Nachbarinseln Rømø und Fanø liegt auch Mandø im Nationalpark Vadehavet, dessen Landschaft durch die Gezeiten geprägt ist. Im Wattenmeer gibt es jede Menge Würmer, Muscheln und Krebse – ein wahres Paradies für Zugvögel, die hier auf ihrer langen Reise im Frühling und Herbst Rast einlegen.

Der Camper darf sich ausruhen: Nach Mandø geht es mit dem Traktorbus. Und wie wäre es mit hübscher bunter Keramik als Andenken? Gefunden auf Mandø.

Wieder beschuht, geht es den Weg auf den Dünen entlang zur Mühle (Mandø Mølle). Die Landschaft ist beeindruckend. Grasbewachsene Dünen ziehen sich bis zum Horizont, und das Meer in der Ferne ist so blau wie der Himmel. Immer wieder gibt es kleine Bänke, auf denen man eine Pause einlegen und die Umgebung genießen kann.

Schon von Weitem ist die Mühle zu sehen. Laut Informationstafel ist sie das höchste Gebäude der Insel. Sie war bis zum Zweiten Weltkrieg in Betrieb und ist heute im Besitz von Mandøs Heimatverein, der sich verpflichtet hat, dieses Wahrzeichen zu erhalten.

Auf dem Weg durch den Ort in Richtung des Cafés Mandøpigen (www.bb-mandoe.dk/cafe-mandopigen) kommt man an einem Stand mit bunter handgemachter Keramik vorbei. Die wundervollen Tassen, farbenfrohen kleinen Schüsseln, Kerzenständer und anderen hübschen Dinge kann man zum Beispiel via PayPal bezahlen. Ein tolles Andenken.

Im Café gibt es zur Stärkung Sandwiches, etwa mit Mandø-Lamm. Beim Gedanken an die glücklichen Schafe, die man bei der Überfahrt gesehen hat, fällt die Wahl dann aber vielleicht eher auf die Variante mit Räucherlachs.

Anschließend fährt der Mandø-Bus zurück zum Festland. Da der Camper ja schon am Wattenmeerzentrum (www.vadehavscentret.dk/de) parkt, sollte man sich einen Besuch nicht entgehen lassen. Das Gebäude fügt sich mit seiner flachen Erscheinung perfekt in die Marschlandschaft ein. Und so ist die gelungene Architektur bereits das erste Highlight.

Doch das Zentrum hat noch mehr zu bieten. So gibt es beispielsweise eine aufschlussreiche Ausstellung über die Zugvögel im Wattenmeer sowie einen Tundragarten: eine Nachbildung der arktischen Tundra, dem Brutgebiet vieler Zugvögel.

Am Abend geht es dann mit neuem Wissen über den Lebensraum Wattenmeer gen Süden zum 42 Kilometer entfernten Vadehavs Camping. Hier ist eine Onlinebuchung vorab möglich, sodass man den Zugangscode für die Schranke bei Bedarf bereits bei Ankunft zur Hand hat. Der Platz liegt wenige Meter vor dem Damm, der das Festland vor den wilden Seiten des Meeres schützt. Meistens – so wie heute – weiden auf ihm Schafe. Ein kurzer Besuch bei den wolligen Tieren rundet den Tag ab.

Der nächste Morgen startet gemütlich. Nach dem Frühstück ist ausreichend Zeit, die Sonne zu genießen, bevor der Camper gepackt wird und man auscheckt.

Anschließend geht es weiter zur sieben Kilometer entfernten neuen Schleuse (Vidåsluse). Parken kann man auf dem großen Parkplatz vor Ort, um die Umgebung zu Fuß zu erkunden. Die Aussicht reicht an klaren Tagen weit über das Wattenmeer bis nach Sylt. Etwas weiter landeinwärts befindet sich die alte Schleuse (Højer Sluse), die 1981 durch die Fertigstellung der neuen Schleuse abgelöst wurde. Rund um die Højer Sluse erhält man einen Eindruck, wie hart und entbehrungsreich das Leben hier in früheren Zeiten gewesen sein muss.

Auf dem Autostrand in Lakolk (Rømø) tanzen bunte Kiteschirme über parkenden Campern. Die Schafe auf Mandø sind genauso entspannt wie die Insel.

Damit und mit den vom Wind zerzausten Haaren heißt es Abschied nehmen von der beeindruckenden Landschaft des Wattenmeers und seinen Bewohnern.

FAZIT: SPANNENDES INSELHOPPING IM DÄNISCHEN WATTENMEER.

On the Road: Den ersten Tag auf Rømø verbringt man mit dem Camper am Autostrand von Lakolk, bevor es zur Übernachtung zum Oasen Rømø geht. Für den Besuch von Mandø am nächsten Tag bleibt der Camper auf dem Parkplatz am Wattenmeerzentrum stehen. Stattdessen nimmt man den Mandø-Bus. Zurück am Wattenmeerzentrum, setzt man sich wieder selbst ans Steuer und fährt zum 42 km entfernten Vadehavs Camping. Am dritten Tag geht es nach dem Auschecken zur 7 km entfernten Vidåsluse.

Beste Zeit: Das Wattenmeer übt zu jeder Jahreszeit einen besonderen Reiz aus. Wer Zugvögel beobachten möchte, kommt im Frühling und Herbst.

Dauer & Strecke: Ein Wochenende. Der Autostrand von Lakolk ist ungefähr 80 km von der deutsch-dänischen Grenze bei Flensburg entfernt. Für den 5 km langen Rundweg durch die Kirkeby Plantage sollte man 1,5 Std. einplanen. Der Ausflug mit dem Mandø-Bus auf die kleine Insel dauert 4 Std. Tickets sind online buchbar unter mandoebussen.dk/de

Ausrüstung: Ins Gepäck gehören Regensachen sowie eine warme Jacke, denn selbst im Sommer kann es kühl, windig und nass werden.

Wenn es Nacht wird: Stellplatz Oasen Rømø (www.oasen-roemoe.dk/de), Vadehavs Camping (vadehavscamping.dk/de).

HORIZONTE

… auf der dänischen Insel Als

#2

Auf Als, der achtgrößten dänischen Ostseeinsel, schläft man mit Meeresrauschen ein und kann tagsüber die Strände und die abwechslungsreiche Landschaft erkunden. Vom Leuchtturm Kegnæs auf der gleichnamigen Halbinsel hat man einen hervorragenden Blick über die Umgebung.

#HotdogGlück #hyggelig #Leuchttürme #Meerblick #KleinerBelt

Der Besuch in Dänemark startet mit einem klassischen Hotdog. Hans der Fischer (rechts) wacht über die Marina in Mommark.

Das kleine gelbe Häuschen mit seiner roten Dachumrandung sieht ziemlich unscheinbar aus. Doch Annies Kiosk (annies-kiosk.business.site) bei Sønderhav hat so etwas wie Kultstatus, was er zum einen sicher der hervorragenden Lage direkt an der Flensburger Förde und zum anderen der langjährigen Inhaberin und Namensgeberin Annie Bøgild zu verdanken hat. Annie verkaufte hier bereits 1966 im Alter von 15 Jahren Hotdogs, damals noch als Aushilfe.

Neben den berühmten Hotdogs, die zu den besten von ganz Dänemark zählen, stehen auch Burger und Pommes auf der Speisekarte. Empfehlenswert ist aber auf jeden Fall ein klassischer Hotdog mit roter Pølser, frischen Zwiebeln, Röstzwiebeln, sauren Gurken und diversen Soßen. Mit diesem kann man es sich im kleinen Außenbereich oder am kleinen Strand schräg gegenüber auf der anderen Straßenseite bequem machen. Mit dem Blick aufs Meer und rüber nach Flensburg auf der anderen Uferseite schmeckt er gleich noch besser. Außerdem erstrecken sich ziemlich genau vorm Kiosk die sogenannten Ochseninseln.

Die Große Ochseninsel (Store Okseø) hatte noch bis 2016 drei ständige Einwohner. Mittlerweile ist sie aber genau wie die Kleine Ochseninsel (Lille Okseø) unbewohnt. Allerdings kann man auf Letzterer eine Unterkunft mieten, entweder ein einzelnes Zimmer oder direkt das ganze Gruppenhaus, zum Beispiel für Klassenfahrten. Und während man so drüber

nachdenkt, wen und was man alles mit auf die einsame Insel nehmen würde, ist der Hotdog schon im Magen verschwunden. Zeit für den Nachtisch also! Es gibt das für Dänemark typische Softeis.

Annie Bøgild hat den Kiosk übrigens 1984 übernommen, verstarb jedoch leider 2016 mit nur 66 Jahren. Ihr Name ist in der Region aber nach wie vor bekannt. Auch der Kiosk hat diesen trotz des neuen Eigentümers behalten.

Mit ganz viel Dänemark im Bauch rollt der Camper nun weiter. Über die kostenfreie Brücke Alssundbroen gelangt man auf die Insel Als. Das heutige Ziel, der Lavensby Strand Camping, befindet sich an der Nordostküste. Die Route führt vorbei an Sonderburg in Richtung des charmanten kleinen Ortes Lavensby. Auf dem letzten Stück zum Campingplatz wird die Straße immer schmaler, aber dafür ist sie kaum befahren. Am Ende erreicht man einen terrassenförmig angelegten Campingplatz. Hier hat man von fast jedem Stellplatz aus einen Blick auf das Meer und den weiten Horizont. Die sanft ans Ufer plätschernden Wellen rufen: Zeit für einen kleinen Spaziergang am Strand, der zwar steinig ist, aber seinen eigenen wilden Reiz hat. Danach lädt der Tischkicker zu einer Partie ein, und so klingt der Tag lustig aus.

Der nächste Morgen beginnt ganz ruhig am Meer. An einem kleinen grünen Holzhaus, das mit Steinen und Muscheln verziert ist, befindet sich eine gemütliche Sitzecke. Über

der Holzbank prangt auf einem Schild die Aufschrift »Lieblingsplatz«. Und das ist er an diesem Morgen auf jeden Fall! Das Häuschen bietet Schutz vor dem Wind, sodass man ungestört die wärmende Morgensonne genießen kann. Es ist der perfekte Ort, um in aller Ruhe den neuen Tag zu begrüßen und etwas zu entspannen.

Danach ruft der Købingsmark Strand am nördlichen Ende der Insel. Also wird der Camper gepackt und los geht's! Am Strand weht die blaue Flagge. Sie wird an Strände und Jachthäfen verliehen, die strenge Umweltstandards erfüllen und sich für den Schutz der Küsten und Gewässer engagieren. Überdies steht sie für ausgezeichnete Wasserqualität, sichere Bademöglichkeiten, umweltfreundliche Strandmanagementpraktiken und Sensibilisierung der Besucher für den Schutz der Küstenregionen. Ideale Bedingungen also für ein kleines Bad. Vom Steg aus steigt man in das kühle Nass. An einem windschattigen Plätzchen kann man sich von der Sonne trocknen lassen, bevor es weitergeht.

Die Insel Als besticht nicht nur mit ihren Stränden, sondern verfügt auch über ausgedehnte Waldgebiete. Das größte davon ist Nørreskov, das wunderschöne nächste Ziel. Die Wanderung zum Leuchtturm Taksensand führt durch das Gebiet. Währenddessen bleibt der Camper auf einem Parkplatz nahe dem Ort Helved stehen, nur wenige Meter vom Wald entfernt. Zu Beginn des Weges sind links noch Nadelbäume zu sehen, doch schon bald taucht man

In der kleinen Sitzecke am Lavensby Strand Camping beginnt man den Tag entspannt mit Blick aufs Meer.

in einen dichten Laubwald ein. Nørreskov ist ebenso wie die anderen Wälder der Insel von Buchen geprägt. Die Luft ist klar, das Rauschen der Blätter und das fröhliche Vogelgezwitscher begleiten die Wanderung. Nach weniger als einem Kilometer erreicht man das Meer und den Leuchtturm, der einsam direkt am Strand thront. Sein weißer Anstrich ober-

halb des steinernen Sockels bildet einen herrlichen Kontrast zum blauen Himmel.

Ursprünglich hatte der Leuchtturm eine Höhe von 32 Metern. Er wurde 1905 in Betrieb genommen, 1953 jedoch umgebaut und erheblich verkürzt, sodass er seitdem nur noch 19 Meter misst. Eine Besichtigung ist leider nicht möglich. Stattdessen folgt man dem Weg entlang der Küste im Wald und genießt dabei immer wieder herrliche Ausblicke auf das Wasser.

Im Anschluss geht es zum Mommark Marina Camping. Segelboote schaukeln sanft an ihren Liegeplätzen, während man wenige Meter entfernt aufs Wasser schaut. Trotz seiner Größe ist der Campingplatz gemütlich, denn jeder Stellplatz ist von einer mittelhohen Hecke umgeben, die ausreichend Privatsphäre bietet. An der Marina befindet sich zudem ein kleines Restaurant, das mit einer wirklich guten Küche überzeugt. Zu empfehlen sind beispielsweise die Moules Frites, gedämpfte blaue Muscheln in Soße mit Dillschaum und Pommes. Von der Terrasse bietet sich ein fantastischer Blick auf den kleinen Belt. Im Deutschen wird dieser Teil des Beltes auch Alsenbelt genannt. Meerengen namens Belt gibt es übrigens nur in Dänemark und an dessen Grenzen.

Der Strand vom Mommark blickt zwar in Richtung Osten, dennoch kann man hier einen schönen Sonnenuntergang erleben. Für den Sonnenaufgang am nächsten Morgen ist das Camperbett allerdings zu gemütlich, und so

Natürliche Schönheit auf Als: der Leuchtturm Taksensand, die Marina Mommark und der wilde Strand am Lavensby Strand Camping.

startet der Tag erst, wenn die Sonnenstrahlen schon angenehm wärmen. Nach dem Frühstück mit frischen Brötchen, die man bis zum jeweiligen Vorabend bestellen kann, geht es in Richtung Kegnæs, einer Halbinsel, die sich im Süden an die Insel Als anschließt. Kegnæs ist lediglich knapp 17 Quadratkilometer groß und nur durch einen schmalen natürlichen Damm mit Als verbunden. Schon von Weitem sieht man jede Menge bunte Schirme in der Luft tanzen. Beim Näherkommen werden auch auf dem Wasser bunte Segel sichtbar. Der Bereich, wo Als und Kegnæs aufeinandertreffen, ist sehr beliebt zum Wind- und Kitesurfen.

Links und rechts der Straße, die über den flachen Damm zur Halbinsel führt, erstreckt sich das Meer, und auch der Leuchtturm Kegnæs auf einem kleinen Hügel ist bereits in Sicht. Er ist das Ziel. Das Wohnmobil wird idealerweise direkt auf dem ersten Parkplatz der Halbinsel am Strand Kegnæshøj abgestellt, denn der Parkplatz am Leuchtturm selbst ist recht klein. Doch keine Sorge, der Fußweg ist nicht weit.

Der 18 Meter hohe Kegnæs Fyr kann von April bis Oktober tagsüber besichtigt werden. Innen ist unter anderem die alte Laterne mit Jalousien zu sehen. Letztere ermöglichten das Blinken des Lichts. Anfangs wurde die Laterne mit einem Petroleumbrenner betrieben, später mit elektrischem Licht. Heute wird diese Funktion von einer kompakteren Vorrichtung mit einer Mini-Halogenlampe übernommen. Nach dem Aufstieg zum oberen Teil des Leuchtturms gelangt man durch eine niedrige

Tür auf den Balkon und genießt dort die wunderbare Aussicht über Kegnæs und Als.

Um die kleine Halbinsel noch etwas besser kennenzulernen, geht es vom Leuchtturm aus gerade bis ans andere Ende zur Südwestspitze. Kegnæs ist nur dünn besiedelt und die Landschaft flach. Die einzigen beiden geschlossenen Dörfer sind Sønderby und Osterby.

Der Camper wird auf dem Østerby Strand Parking abgestellt. Die letzten knapp vier Kilometer zum »Ende von Kegnæs« legt man zu Fuß auf der schmalen Straße zurück. Links sieht man das Meer, das sich teils hinter Bäumen versteckt, und rechts Felder und immer wieder einzelne Höfe. Schließlich erreicht man die kleine Ortschaft Sønderby. Der Weg führt an der Kegnæs Kirke (auch Sankt Johannes Kirke) vorbei. Mit ihrem roten Ziegeldach und der strahlend weiß gekalkten Fassade ist sie nicht zu übersehen. Gebaut wurde sie 1615; der Grundstein wurde am 24. Juni zu Midsommar gelegt. Da mit Midsommar auch der Johannistag verbunden ist, ist die Kirche nach Johannes dem Täufer benannt. Hinter Sønderby verläuft der Weg wieder an Feldern entlang. Zur Linken leuchtet hinter den Feldern das Meer. Nach einem kurzen Abschnitt durch einen kleinen Wald öffnet sich schließlich der Horizont und das Meer liegt vor einem.

Der Weg zu diesem unberührten Ende ist definitiv lohnenswert. Der Wind pfeift einem um die Ohren, und das Meer präsentiert sich wilder als auf der anderen Seite von Kegnæs,

Am natürlichen Damm, der Als mit der Halbinsel Kegnæs verbindet, jagen Kitesurfer den Wind. Im Restaurant an der Marina Mommark gibt es vorzügliche Moules Frites (rechts).

obwohl es an dieser Stelle nicht besonders breit ist. Ganz in der Nähe erstreckt sich zum Greifen nah die Insel Als.

Das Wasser schimmert an einigen Stellen türkis, an anderen dunkel. Nachdem man den Ausblick auf das Meer zwischen Kegnæs und Als ausgekostet hat, geht es zurück zum Wohnmobil und anschließend wieder nach Als. Vorbei an den bunten Kiteschirmen zum nicht weit entfernten Skovmosestrand mit seinem riesigen Parkplatz. Noch größer als der Parkplatz ist der Strand mit herrlich feinem, weißem Sand, der sich in beide Richtungen erstreckt. Auch hier weht stolz die blaue Flagge.

Und so enden die wundervollen Tage auf Als mit einer weiteren Abkühlung in der dänischen Ostsee. Mit Salz auf Haut und Haar geht es auf das Festland. Jetzt knurrt der Magen. Was liegt dann näher, als sich auf dem Rückweg noch einmal bei Annies Kiosk zu stärken!?

FAZIT: WAS WILL MAN MEER? HERRLICH, SO EIN WOCHENENDE AUF DER INSEL!

On the Road: Von Annies Kiosk (annies-kiosk.business.site) bei Sønderhav geht es zum Lavensby Strand Camping an der Nordostküste auf der Insel Als (49 km). Am nächsten Tag steuert man den Købingsmark Strand am Nordende der Insel an (9 km) und fährt später weiter zum Mommark Marina Camping (34 km). Am dritten Tag geht es nach Kegnæs (11 km). Nach der Wanderung zum Leuchtturm wird der Camper für die Wanderung an das »Ende von Kegnæs« am Østerby Strand Parking abgestellt (7 km). Anschließend fährt man zurück nach Als und parkt am Skovmosestrand (11 km).

Beste Zeit: Sommer. Die Campingplätze sind von April bis September geöffnet.

Dauer & Strecke: Ein Wochenende. Annies Kiosk ist 9 km vom Grenzübergang kurz hinter Flensburg entfernt. Für die Pause kann man knapp 1 Std. einplanen. Für die 4 km lange Wanderung zum und am Leuchtturm Taksensand sollte man ca. 1 Std. einplanen. Bis zum »Ende von Kegnæs« sind es knapp 4 km (einfache Strecke) und 2 Std.

Ausrüstung: Badesachen. Allerdings sollte auch eine Jacke im Gepäck nicht fehlen, denn selbst im Sommer kann ab und an ein kühler Wind wehen.

Wenn es Nacht wird: Lavensby Strand Camping (www.lavensbystrandcamping.dk), Mommark Marina Camping (www.mommarkmarina.dk).

NIEDERLANDE

ENT-SPANNUNG AHOI

... zwischen Watteninsel und Lauwersmeer

Im Norden der Niederlande, nicht weit von der deutschen Grenze, liegt das Lauwersmeer. Dieser Nationalpark ist nicht nur ein Vogelparadies, sondern auch einer von weltweit nur 41 Dark Sky Parks. Außerdem lädt die Watteninsel Schiermonnikoog zu einem Radabenteuer ein.

#Robbenrettung #Vogelbeobachtung #DarkSkyPark #Wattenmeer

Auch die Gänse fühlen sich wohl auf Schiermonnikoog (links). Der rote Leuchtturm auf der Watteninsel ist mit seinen 37 Metern Höhe nicht zu übersehen.

Genüsslich rekeln sich zwei Robben in der Sonne, drei weitere liegen einfach nur faul herum, und eine streckt neugierig ihren Kopf aus dem Wasser: Die Seehundstation in Pieterburen ist die größte ihrer Art in Europa (www.zeehondencentrum.nl). Hier werden im Durchschnitt pro Jahr 450 Tiere rehabilitiert. Ihre Pflege erfolgt dabei in drei Schritten. Kranke oder verletzte Seehunde kommen zunächst in die sogenannte Phase 1, die Intensivpflege. Sobald die Robben bereit sind, also zum Beispiel genug wiegen und ausreichend fressen, kommen sie in Phase 2, die Erholung. Nun dürfen sie den ganzen Tag schwimmen, wobei noch wärmende Unterschlupfmöglichkeiten zur Verfügung stehen. Schließlich geht

es in Phase 3 mit Bedingungen fast wie in freier Wildbahn. Es gibt keine Wärmelampen oder Unterstände mehr. Ziel dieser Phase ist, dass die Robben genügend Fettreserven bilden, um wieder für das Leben in Freiheit gewappnet zu sein. Sind alle Phasen abgeschlossen und die Tiere wieder gesund, geht es für sie mit dem Boot zurück nach Hause ins Wattenmeer.

Die Robben, die es sich hier gerade so gut gehen lassen, sind bereits in Phase 3, haben es also bald geschafft.

Mit dem Besuch in der Station und dem Eintrittsgeld wird diese wertvolle Arbeit unterstützt. Außerdem lernt man jede Menge über Seehunde und das Wattenmeer, das seit 2009 zum Weltkulturerbe der UNESCO gehört.

Zum Abschluss gibt es im gemütlichen Außencafé mit Blick ins Grüne ein Stück Apfelkuchen und Kaffee. Im Hintergrund quaken die Frösche aus Richtung des Wattspielplatzes, und langsam wird es Zeit, zum großen Parkplatz zurückzukehren, das Wohnmobil zu starten und sich zum Campingplatz aufzumachen.

Unterwegs hält man noch schnell an einem praktischen, hübsch anzusehenden kleinen Verkaufsstand eines Bauern. Frische Kartoffeln und Zwiebeln sind schließlich immer eine gute Idee.

Der heutige Schlafplatz liegt im Jachthafen Noordergat am Nieuwe Robbengat, einer Wasserstraße, die Teil des Lauwersmeers ist. 1969 wurde die Bucht Lauwerszee aus Angst

Vom Campingplatz de Rousant (links) blickt man auf die bunten Fischerhäuser von Zoutkamp (oben). Auf Schiermonnikoog warten schon jede Menge Leihfahrräder auf ihren Einsatz.

vor Überschwemmungen durch eine künstliche Sperre vom Wattenmeer abgegrenzt und eingedeicht. Auf dem ehemaligen Meeresboden entstand ein vielfältiges Naturgebiet: der heutige Nationalpark Lauwersmeer, der unter anderem für seinen Vogelreichtum bekannt ist (www.np-lauwersmeer.nl). Mehr als hundert Arten brüten dort. Außerdem verbringen Zehntausende Schwäne, Gänse und Enten den Winter in diesem Gebiet, denn das Lauwersmeer befindet sich am Knotenpunkt einer wichtigen Vogelzugroute, die vom Polarkreis bis nach Südafrika verläuft.

Was für ein Glück, diese einmalige Landschaft erleben zu dürfen. Das Wasser im Jachthafen glitzert, und schon bald geht die Sonne unter. Urlaubsstimmung pur.

Am nächsten Morgen weckt einen das leichte, aber kontinuierliche Klackern in den Masten der Segelboote. Nach dem ersten Kaffee geht es zum Bezahlen direkt zum Hafenmeister – ein freundlicher, gut gelaunter Typ, der einem kleinen Plausch nicht abgeneigt ist.

Für heute steht ein Ausflug mit der Fähre auf die Insel Schiermonnikoog auf dem Plan.

Im Rückspiegel scheinen die Segelboote zu winken, so rhythmisch schaukeln sie im leichten Wind hin und her. Das nächste Ziel, der Parkplatz vom Fähranleger nach Schiermonnikoog, ist gar nicht weit. Wohnmobile stellt man am besten auf einem der Parkplätze an der Binnenseite ab. Leider hat das Parkhaus direkt am Fähranleger nämlich nur eine ma-

ximale Durchfahrtshöhe von 2,25 Meter. Das Ticket für die Fähre, das für die Hin- und Rückfahrt gilt, gibt es online. Für die Schnellfähre wird ein Aufschlag verlangt.

Wenn die Fähre anlegt, strömen zunächst die abreisenden Gäste heraus. An diesem Morgen sind das nicht allzu viele. Dann heißt es einen Sitzplatz suchen und entspannen! Die Überfahrt dauert ungefähr 45 Minuten; mit der Schnellfähre sind es lediglich um die 20 Minuten. Auf Schiermonnikoog angekommen, ist schnell klar, dass die Uhren dort anders ticken. Die Insel verströmt eine gewisse Ruhe und bietet Entschleunigung. Das mag daran liegen, dass sie so gut wie autofrei ist. Nur Inselbewohner:innen dürfen Autos nutzen. Aber auch ihre Größe sorgt für dieses ganz besondere Gefühl: Schiermonnikoog ist mit 16 Kilometern Länge und circa vier Kilometern Breite die kleinste bewohnte Watteninsel. Es gibt nur eine Ortschaft, ebenfalls mit dem Namen Schiermonnikoog. Der größte Teil der Insel ist Naturschutzgebiet.

Gleich der erste Gang führt zum Fahrradverleih. Hier warten jede Menge Räder auf ihren Einsatz, darunter E-Bikes und Lastenräder. Dank der fehlenden Berge reicht eines der herkömmlichen Siebengang-Hollandräder völlig aus. Los geht's! Die Luft scheint frischer und klarer zu sein, und die Ruhe wird nur ganz selten von Autolärm gestört. Wie schön es sich so radelt!

Am Wasser entlang fährt man Richtung Westen. Erster Halt ist der Vogelbeobachtungsposten Westerplas (Vogel Uitkijkpost) mit

Auf die Watteninsel geht es mit der Fähre und dort dann weiter mit dem Rad. Auf dem Camping de Rousant bleibt es maritim: Eines der Badezimmer ist in einem großen umgebauten Seezeichen untergebracht (links).

Blick auf den Brackwassersee Westerplas, wo zum Beispiel fast alle niederländischen Entenarten zu beobachten sind – vorausgesetzt, man bringt ein Fernglas und etwas Geduld mit. Auch andere Vogelarten wie Blesshühner und Rohrdommel trifft man hier.

Weiter in Richtung Westerstrand. Die Räder werden auf einem Fahrradparkplatz am Zuweg zum Strand abgestellt. Anschließend folgt ein kurzer Fußweg, der zunächst ein wenig unscheinbar wirkt. Doch plötzlich taucht ein riesiger, weiter Strand vor einem auf. So weit, dass das Meer am Ende nur zu erahnen ist. Die Menschen in der Ferne, die sich auf den Weg zum Wasser gemacht haben, erscheinen klein wie Ameisen. Ihnen nach! Und tatsächlich, einige Minuten darauf ist die raue Nordsee erreicht. Hier ist niemand mehr zu

sehen. Nur diese gigantische, wunderschöne Weite und in der Ferne der rote Leuchtturm Noordertoren, den man schon vom Strandeingang aus entdeckt hat.

Genau dieser ist das nächste Ziel. Der Farbkontrast zu den umliegenden grünen Wiesen erzeugt eine malerische Szenerie. Zwar kann der Leuchtturm selbst nicht besichtigt werden, aber die Umgebung lädt zu einem weiteren kleinen Spaziergang Richtung Strand ein.

Jetzt meldet sich langsam der Hunger. Also tritt man in die Pedale, um zügig in den einzigen Ort der Insel zu gelangen. Im Vishandel Schiermonnikoog gibt es jede Menge Leckereien von Fischsuppe bis hin zu gebratenen Gambas. Ganz klassisch dürfen es heute Kibbeling und Pommes sein. Bestellt wird direkt an der Theke.

Frisch gestärkt geht es wieder aufs Rad, hinaus aus dem Ort gen Norden und vor dem Restaurant Norderstraun rechts ab. Der Radweg führt sanft kleine Hügel rauf und runter. Schiermonnikoog ist trotz seiner überschaubaren Größe unglaublich abwechslungsreich. Neben weiten Stränden und hübschen Dünen gibt es auch ausgedehnte Waldflächen. So biegt man schließlich in das beruhigende Grün eines solchen Gebietes ein.

Mit dem Rauschen des Windes in den Baumkronen folgt man gut befahrbaren Waldwegen. Nach einer Weile lässt man den Schutz der Bäume wieder hinter sich und steuert auf den Bunker Wassermann zu. Er stammt aus dem Zweiten Weltkrieg, war Teil des Atlantikwalls und ist frei zugänglich. Sein Name rührt daher, dass hier im Jahr 1943 eine Radar-Antenne des Typs Wassermann instal-

Die Marina Noordergat bietet nicht nur Bootsliegeplätze, sondern auch einen sicheren Hafen für Camper. Kartoffeln, Zwiebeln und Eier können unterwegs direkt am Feld gekauft werden.

liert werden sollte, was jedoch nie umgesetzt wurde. Der Bunker thront auf einer hohen Düne und bietet eine wunderbare Aussicht über die umliegende Landschaft. Langsam ist es an der Zeit, den Rückweg anzutreten. Als die Abfahrtszeit der Nachmittagsfähre näher rückt, strömen aus allen Richtungen radelnde Inselgäste zum Hafen. Auch der Elektrobus, der vom Ortskern hierher fährt, ist schon auf dem Weg. An der Rückgabe beim Fahrradverleih hat sich bereits eine kleine Schlange gebildet, die jedoch zügig abgearbeitet wird. Beim Warten auf die Fähre gleitet der Blick noch einmal in die Ferne. Dann geht es auch schon an Bord und gut 45 Minuten später hat man wieder Festland unter den Füßen.

Vor der Weiterfahrt zum heutigen Campingplatz steht noch ein Halt am Aktivitätenzentrum Lauwersnest auf dem Programm, der perfekte Ausgangspunkt für eine Wanderung durch den Dark Sky Park Lauwersmeer. Der Nationalpark wurde 2016 offiziell zum Dark Sky Park erklärt. Durch die geringe Lichtverschmutzung ist es nachts besonders dunkel, und der Sternenhimmel leuchtet bei klarem Wetter umso mehr. An manchen Tagen sieht man sogar Polarlichter. Weltweit gibt es lediglich 41 Dark Sky Parks – dieser Ort ist also etwas ganz Besonderes. Heute ist es leider sehr bewölkt, deswegen fällt die Wahl nicht auf die 1,5 Kilometer lange Dark Sky Route, sondern auf den gelb beschilderten Natuurpad. Dieser Naturlehrpfad ist ein ebenfalls nur 1,5 Kilometer langer Rundweg und somit toll für den langsamen Ausklang eines recht langen Tages.

Der Campingplatz für diese Nacht befindet sich nur wenige Kilometer entfernt gegenüber dem kleinen Ort Zoutkamp. Bei später An-

Die Watteninsel Schiemonnikoog wird von den Gezeiten geprägt. In der Seehundstation Pieterburen werden Robben wieder fit für das Leben in Freiheit gemacht.

kunft kann man noch online buchen. Der Camping de Rousant liegt idyllisch zwischen den Flüssen Reitdiep und Muntsjesylster Ryd und überzeugt nicht nur dadurch. Im wunderschönen, von Weinreben bewachsenen Wintergarten lässt es sich abends besonders gemütlich sitzen. Ein weiteres Highlight ist die komplett zum Badezimmer mit Dusche und Toilette umgebaute geräumige Steuerbordtonne (ein Seezeichen) im hinteren Bereich des Platzes.

Am nächsten Morgen geht es vom Campingplatz aus zu Fuß über die Brücke der Reitdiep nach Zoutkamp, wo nicht ganz 1200 Menschen leben. Kurz hinter dem Ort mündet die Reitdiep ins Lauwersmeer. Bis Ende der 1960er-Jahre war Zoutkamp ein Fischerdorf. Seit jedoch das Lauwersmeer abgetrennt wurde, befindet sich der Fischereihafen in Lauwersoog. In Zoutkamp erinnert das Fischereimuseum an die vergangenen Zeiten (www.visserijmuseum.com). Im Wasser liegen jetzt hauptsächlich große und kleine Segelboote, die schon auf ihre nächste Reise warten.

Nach einem kurzen Gang durch den gemütlichen Ort bietet sich die Bakkerij De Zilte Bries für ein kleines Frühstück an. Zurück am Wohnmobil, neigt sich ein erlebnisreiches Wochenende dem Ende zu. Auf dem Weg nach Deutschland liegt aber noch das Zuidlardermeer, ein See, der bei Wassersport- und Naturfans sowie Sonnenhungrigen gleichermaßen beliebt ist. Wenn man vom Parkplatz kommt, durch die Dünen läuft und dann den Strand und das Wasser sieht, vergisst man für einen

Moment, dass das hier gar nicht das Meer ist. Am Meerwijckstrand klingen die wunderschönen Tage bei einem kleinen Spaziergang aus. Mit ein paar Sandkörnern zwischen den Zehen und von der Sonne gewärmter Haut wird nun endgültig der Heimweg angetreten.

FAZIT: NATUR PUR AUF EHEMALIGEM MEERESBODEN – DER NATIONALPARK ÜBERZEUGT MIT EINZIGARTIGER LANDSCHAFT UND BESONDEREN ERLEBNISSEN.

On the Road: Pieterburen liegt ca. 75 km von der deutschen Grenze entfernt. Von hier sind es über Lauwersoog bis ans Zuidlardermeer rund 95 km Fahrtstrecke mit dem Camper. Von der Seehundstation in Pieterburen zum Campingplatz am Jachthaven Noordergat sind es 25 km, zum Parkplatz am Anleger der Fähre nach Schiermonnikoog 2 km. Danach geht es 5 km zum Aktivitätenzentrum Lauwersnest und 11 km zum Camping de Rousant. Am letzten Tag steht noch die 50 km lange Fahrt zum Zuidlardermeer an.

Beste Zeit: Frühling & Sommer.

Dauer & Strecke: Ein Wochenende. Für den Ausflug nach Schiermonnikoog sollte man etwa 6 bis 7 Std. einplanen (Fahrradtour und Spaziergänge), für die 1,5 km lange Wanderung auf dem Naturlehrpfad im Dark Sky Park 1 Std. und für den Spaziergang durch Zoutkamp, so lange man mag.

Ausrüstung: Fahrrad (ausleihbar am Fähranleger auf Schiermonnikoog), Fernglas.

Wenn es Nacht wird: Camping Jachthaven Noordergat (www.noordergat.nl), Camping de Rousant (www.campingderousant.nl).

AB INS GRÜNE!

… im niederländischen Achterhoek

#4

Der Achterhoek bietet eine abwechslungsreiche Landschaft mit viel Grün und sanften Hügeln. Übernachtet wird auf einem tierischen Campingplatz, und auch die Bewegung kommt dank vieler Wanderrouten und dem Kletterwald in Ruurlo nicht zu kurz.

#Kleinstadtflair #iah #KletternimGrünen #OutdoorSpaß

Schon bei der Anfahrt zum Campingplatz De Vetweide merkt man, dass es sich um einen außergewöhnlichen Platz handelt. Ein dreieckiges, rot umrandetes Hinweisschild mit einem Esel in der Mitte heißt die Gäste willkommen. »Achtung, Esel« also – im Moment scheinen aber alle Vierbeiner auf der Wiese nebenan die frische Luft zu genießen. Die freundliche Inhaberin begrüßt einen und weist den Stellplatz für die Nacht zu.

Mini-Camping De Vetweide liegt mitten im Grünen, ist gemütlich und die Stellplätze verteilen sich auf einer Wiese mit Schatten spendenden Bäumen. Im Hintergrund ruft gerade ein Esel sein »Iah«. Insgesamt fühlt man sich mehr wie auf einem Bauernhof als auf einem Campingplatz.

Und so führt der erste Weg in den Stall, wo zwei Esel schmatzend Heu fressen. Der Rest der Bande ist noch draußen. Plötzlich grunzt es aus einer Ecke merkwürdig. Beim genaueren Blick liegen da im Dunkeln zwei Schweine eng beieinander und dösen vor sich hin. Alle Innenställe sind mit offenen Türen versehen, durch die die Tiere jederzeit ins großzügige Außengehege wechseln können. Dort draußen ist noch mehr los als erwartet! Nicht nur die Esel lassen sich die Sonne auf ihr Fell scheinen, es wuseln auch Kaninchen und Hühner bunt durcheinander.

De Vetweide liegt mitten im Achterhoek, einer Region der Provinz Gelderland. Achterhoek heißt übersetzt »Hinteres Eck«, was aus niederländischer Sicht zutreffen mag. Aus

Auf dem Camping De Vetweide lassen es sich neben Campern auch Esel gut gehen.

Deutschland kommend, befindet sich diese Ecke der Niederlande geografisch allerdings ganz vorne. Sie überzeugt nicht nur durch ihre Grenznähe, sondern auch durch eine abwechslungsreiche Landschaft mit Wäldern, Hügeln und viel Wasser.

So verläuft nur wenige Gehminuten vom Campingplatz entfernt der Twente-Kanal. Um dorthin zu gelangen, folgt man der schmalen Straße, über die man zuvor angereist ist, und biegt rechts in die kleine Dorpsstraat ein. Bald erreicht man einen Fußweg direkt am Kanal. Auf der Uferseite gegenüber ist ein kleiner Jachthafen, und am Wasser sitzt hier und da jemand und probiert sein Angelglück. So läuft man den ein oder anderen Kilometer am gemächlich dahinfließenden Kanal entlang. Auf dem Rückweg fährt ein langes flaches Containerschiff vorbei. Ein Blick auf die Seite von MarineTraffic (www.marinetraffic.com) verrät, dass es auf dem Weg nach Rotterdam ist.

Der Tag klingt schließlich mit einem Abendessen vorm Wohnmobil und einem letzten Besuch bei den tierischen Bewohnern des Platzes aus.

Nach einer ruhigen Nacht startet der nächste Vormittag mit einer Fahrt zum Kletterwald bei Ruurlo (klimbos.nl/locaties/achterhoek). Zunächst führt der Weg durch den beschaulichen Ort Almen. Unterwegs fällt auf, wie fahrradfreundlich die ganze Region ist: Auf vielen Straßen gibt es rechts und links einen rötlich markierten Bereich extra für Räder. Die Route

schlängelt sich an Feldern vorbei, und bald ist die Straße von hohen Bäumen und viel Grün gesäumt.

Am Kletterwald angekommen, fällt ein großer mit Steinen gefüllter Kegel ins Auge. Dieser ist ein sogenannter TOP, ein Touristischer OrientierungsPunkt. Insgesamt finden sich in der Region Achterhoek 36 davon. Sie sind Ausgangspunkte für Wanderungen und stehen an einem Parkplatz. Zudem gibt es immer auch eine Informationstafel mit dem Routenangebot vor Ort und einigen interessanten Infos. Am TOP De Heikamp erfährt man zum Beispiel, dass dieser so heißt, da hier früher viel Heidekraut wuchs. Die ehemalige Farm De Heikamp wurde mittlerweile in ein Pfannkuchenrestaurant umgewandelt.

Für größere Wohnmobile ist es ratsam, einen Parkplatz früher anzusteuern, da der direkt am TOP gelegene Parkplatz bei großem Andrang möglicherweise etwas eng werden kann.

Jetzt ruft aber der Kletterwald! Tickets werden an einem kleinen Holzhäuschen verkauft. Nachdem das Klettergeschirr angelegt ist, erhält man eine Einweisung und der Umgang mit der Ausrüstung wird geübt. Dann kann es losgehen! Es gibt neun abwechslungsreiche Kletterrouten in unterschiedlichen Höhen und Schwierigkeitsstufen. Mal saust man mit einer Zipline durch den Wald, mal balanciert man über Balken, die meterhoch über dem Boden schweben. Natürlich jederzeit gut gesichert und immer umgeben vom Grün der Bäume.

Mit Steinen gefüllte Kegel markieren Touristische Orientierungspunkte (TOP). Die Mühle Bronkhorst öffnet immer samstags ihre Türen. Vom Campingplatz de Vetheide ist es nur ein Katzensprung bis zum Twente Kanal (rechts).

Die Zeit vergeht im wahrsten Sinne des Wortes wie im Flug. Nach der Klettertour kommt das Pfannkuchenrestaurant De Heikamp wie gerufen (www.heikamp.nl). Gebacken werden die Pfannkuchen mit Getreide aus eigenem Anbau. Das Restaurant hat 2017 und 2018 sogar den Titel für den »Besten Pfannkuchen der Niederlande« erhalten. Besonders gemüt-

In Bronkhorst, der kleinsten Stadt der Niederlande, scheint die Zeit an manchen Ecken stillzustehen. Im Pfannkuchenrestaurant am TOP de Heikamp gibt es preisgekrönte Kreationen (rechts).

lich ist es im Wintergarten oder im Außenbereich des alten Bauernhauses. Auf der Karte stehen Pfannkuchen-Spezialitäten wie der Niederländische Champion mit Gartenkräutern, buntem Gemüse und Rübenschaum, aber auch einfache klassische Varianten.

Nach der Stärkung steht ein Besuch im 21 km entfernten Bronkhorst, einem Ortsteil der Gemeinde Bronckhorst, auf dem Programm. Die Route führt über eine schmale Straße vorbei an Wiesen, Gehöften und kleinen Ortschaften. Vor dem Ortskern von Bronkhorst liegen direkt nebeneinander zwei Parkplätze, auf denen ausreichend Platz ist.

Bronkhorst bekam im 15. Jahrhundert Stadtrechte verliehen und ist heute mit seinen rund 150 Einwohner:innen die kleinste Stadt der Niederlande. Der Ort verzaubert mit urigen Kopfsteinpflasterstraßen und beschaulichen Gassen, gesäumt von den typisch niederländischen Backsteinhäusern. Obwohl er sehr klein ist, gibt es mehrere Restaurants.

Läuft man einmal längs durch das Städtchen, was dank seiner Größe wirklich nicht lang dauert, erreicht man den Zugang zu einem kleinen Hügel, auf dem vormals das Schloss Bronkhorst stand. Heute befindet sich im Zentrum nur noch ein Modell davon. Tafeln auf Holzpfeilern erzählen die Geschichte der Stadt: Von den ersten Menschen, die sich dort im Jahre 600 niederließen, vom Bau der Burg im 10. Jahrhundert, von Belagerung, einem Stadtbrand und der Französischen Revolution.

Nach dieser geschichtlichen Reise geht es zur Mühle Bronkhorst, die etwas außerhalb liegt

und immer noch in Betrieb ist. Besichtigen kann man sie jedoch nur samstags. Dann werden im kleinen Mühlenladen auch verschiedenste Mehlsorten zum Verkauf angeboten.

Anschließend wandert man zum Parkplatz zurück und fährt mit dem Camper Richtung Winterswijk zum Hilgelo-See, wo sich der familienfreundliche Campingplatz für die kommende Nacht befindet. Benannt ist dieser nach der Sevink Mölle direkt nebenan. Die Mühle ist schon von Weitem zu sehen.

Rund um den See erstreckt sich ein ganzes Erholungs- und Freizeitgebiet mit einem großen Sandstrand, verschiedenen Sportmöglichkeiten und natürlich Wander- und Fahrradrouten. Auf dem Wasser sind ein paar bunte Tretboote sowie einige Stand-up-Paddleboards unterwegs. Es bleibt noch genug Zeit, selbst eine Runde auf dem See zu drehen. Wer kein eigenes SUP dabeihat, findet eine voll automatisierte Verleihstation mit dem passenden Namen SUP Yourself. In einem mit Holz verkleideten Container sind mehrere Schließfächer untergebracht. Über einen QR-Code reserviert man ein Board, bezahlt, erhält den Zugang zu einem der Schließfächer, schnappt sich das darin gelagerte SUP und kann lospaddeln.

Der See ist nicht allzu groß und auch für Anfänger geeignet. Aber auch Geübte kommen auf ihre Kosten, denn es ist möglich, bequem das komplette Ufer abzufahren, insgesamt etwa drei Kilometer. Der Großteil des Sees ist von Bäumen umgeben und um einiges ruhiger als das Freizeitgebiet rund um den Strand nahe dem Campingplatz Sevink Molen. So gleitet man mit dem Board gemütlich über

On the Road: Erstes Ziel ist der Campingplatz De Vetweide, rund 70 km vom deutsch-niederländischen Grenzübergang der A30 bei Bad Bentheim entfernt. Der nächste Tag startet mit einer Fahrt zum Kletterwald bei Ruurlo (18 km). Anschließend geht es ins 21 km entfernte Bronkhorst, einem Ortsteil der Gemeinde Bronckhorst, und später zum Camping Sevink Molen am Hilgelo-See (47 km).

Beste Zeit: März bis Oktober.

Dauer & Strecke: Ein Wochenende. Etwa 6 km und 1,5 Std. sollte man für den Spaziergang am Twente-Kanal einplanen. Für den 4 km langen Spaziergang durch Bronkhorst, zur Mühle und zurück zum Parkplatz braucht man etwa 1 Std. Die SUP-Runde um den Hilgelo-See ist 3 km lang und dauert 1 bis 1,5 Std. 2 Std. benötigt man für die ca. 10 km lange Wanderung vom Campingplatz Sevink Molen aus.

Ausrüstung: SUP, festes Schuhwerk.

Wenn es Nacht wird: De Vetweide (devetweide.nl), Camping Sevink Molen (www.campingsevinkmolen.de).

---

das Wasser und genießt die entspannte Stimmung. Zurück an Land, lässt man den Tag mit einem kühlen Getränk am Strand ausklingen.

Am nächsten Vormittag wird es noch einmal sportlich, denn nun wird die Umgebung zu Fuß erkundet. Die rund zehn Kilometer lange Route startet am Campingplatz in Richtung See. Dann hält man sich links und folgt dem violetten Wanderzeichen.

Am Sandstrand vorbei erreicht man bald den gegenüberliegenden Campingplatz ’t Hilgelomeer. Der Weg folgt noch ein wenig dem Ufer, aber kurz darauf wird der See von grünen Wiesen und Feldern abgelöst. Nach der Überquerung des Beuzerbeek, einem kleinen Bach, bietet sich eine kurze Pause an. Auf der Bank am Ufer kann man die Seele mit Blick aufs Wasser etwas baumeln lassen. Dann geht es

Freizeitspaß am Hilgelo-See (links) und im Kletterwald bei Ruurlo.

weiter nach Meddo, einem kleinen Ort, der durch seine hübschen Vorgärten mit viel Grün und herrlich bunten Blumen bezaubert.

Auf der weiteren Strecke kommt man an einem kleinen Picknickplatz vorbei. Anschließend wandert man für ein kurzes Stück an einer Straße entlang, bevor man wieder in einen kleineren Weg einbiegt. Spätestens hier ist wirklich Ruhe eingekehrt. Nur das Quaken der Frösche, die in dem hinter den Büschen versteckten Tümpel wohnen, durchbricht die Stille.

Eine Holzbrücke überquert erneut den Beuzerbeek. Im Wasser blühen Seerosen, am Ufer wachsen gelbe Sumpf-Schwertlilien. Anschließend geht es durch eine kleine Allee, und schon taucht wieder die Sevink Mühle neben dem Campingplatz auf.

Nach der Wanderung können die Erlebnisse der letzten Tage auf der Terrasse des Mühlencafés bei einem köstlichen Stück Apfelkuchen wunderbar Revue passieren (www.sevinkabenteuerpark.de). Beim Betreten der Mühle darf man sich allerdings nicht abschrecken lassen, denn sie beherbergt einen Indoorspielplatz mit entsprechendem Geräuschpegel. Im Außenbereich kann man aber trotzdem gemütlich mit Blick auf den See sitzen und noch ein wenig beobachten, wie die Sonnenstrahlen über das Wasser tanzen und die Tretboote um die Wette fahren. So endet die Reise mit köstlichem Apfelkuchen im Bauch und wundervollen Erinnerungen im Herzen.

FAZIT: ABWECHSLUNG PUR IM IDYLLISCHEN ACHTERHOEK!

BELGIEN & LUXEMBURG

AUF DEM HOLZWEG

… im Hohen Venn

Das einzigartige Hochmoorgebiet in Belgien fasziniert mit seiner mannigfaltigen Natur: Zu Fuß geht es durch Moorlandschaften und zu zwei wunderschön gelegenen Wasserfällen. Übernachtet wird idyllisch auf naturnahen Campingplätzen.

#MoorNature #GrüninallenSchattierungen #BurgReinhardstein

Zur Heideblüte von August bis September erstrahlt das Hohe Venn in besonderer Pracht. Holzstege sorgen im Hohen Venn dafür, dass man keine nassen Füße bekommt.

Nur knapp 400 Meter hinter der deutsch-belgischen Grenze rollt der Camper auf den Parkplatz mit dem passenden Namen Parking Grenzweg im Hohen Venn. Hügelige Wiesenlandschaften und Wälder prägen die Umgebung. Das Besondere sind jedoch die großflächigen Hochmoore. Um eines dieser spannenden Gebiete zu erkunden, geht es zu Fuß weiter.

Vom Parkplatz aus führt ein Pfad parallel zur Straße zum Eingang des Naturschutzgebietes. Zunächst folgt man einem Holzsteg und wandert dann durch ein wunderschönes Stück Wald. Immer wieder ragen Wurzeln aus dem Boden – also aufpassen, dass man nicht stolpert. Schließlich steht man vor einem Tor, durch das das Moorgebiet betreten wird. Davor zeigt noch eine aufschlussreiche Karte die

Verteilung der unterschiedlichen Zonen und mögliche Wanderrouten.

Im Hohen Venn wird sehr darauf geachtet, die Landschaft zu schonen. Dementsprechend sind nur einige Gebiete zum Betreten freigegeben. Seit 1992 sind die hiesigen Hochmoore in die Zonen B, C und D gegliedert. Letztere sind für die Öffentlichkeit überhaupt nicht zugänglich. Möchte man die C-Zonen betreten, so ist dies nur mit einem zugelassenen Guide möglich. Die B-Zonen schließlich dürfen auf den vorgegebenen Wegen betreten werden – und vor Ort befindet sich der Eingang zu einer solchen B-Zone.

Bei länger anhaltender Trockenheit kann es übrigens sein, dass auch die B-Zonen gesperrt sind. Die Gefahr durch Brände in den Torfgebieten ist dann einfach zu groß. In dem Fall werden an den Zugängen dreieckige rote Flaggen gehisst, und Wanderungen sind lediglich in den umgebenden Waldgebieten möglich.

Weht keine rote Flagge, geht es durch das Tor und über Holzstege auf den Rundweg durch das Moorgebiet. Die Stege führen über Teppiche von Moos, Sträuchern und Heidekraut, dazwischen schimmert immer wieder Wasser hervor. Würde man den Weg verlassen, wären mindestens die Schuhe nass. Hier und da erstrecken sich kleine Seen, in denen sich der Himmel spiegelt. Es geht langsam voran, denn ob dieser Weite und Schönheit möchte man gar nicht, dass der knapp drei Kilometer lange Rundweg endet. Irgendwann ist jedoch der Ausgangspunkt erreicht.

Da der Tag noch jung ist, überquert man zu Fuß die N67 und wandert an einem Parkplatz

Die Burg Reinhardstein (links) thront stolz auf einem Felsen. Wenn die rote Flagge weht, dürfen die B-Zonen des Hohen Venn nicht betreten werden. Auf Le Camping des Charmilles übernachtet man idyllisch und naturnah (rechts).

vorbei zu dem Eingang einer weiteren B-Zone. Auf gut drei Kilometern führen die Holzwege vorbei an Tümpeln, Heidegras und ein paar Bäumen.

Nun ist es Zeit, weiterzufahren. Die Straße Richtung Eupen überrascht mit langen geraden Passagen, die in ihrer Weite fast an einen Highway erinnern. Kurz hinter Eupen liegt der Naturcampingplatz Mont Dragon. Sofort fällt der bunt blühende Garten an der Rezeption auf. Man möchte sich gleich an den kleinen Teich setzen, um den Tag Revue passieren zu lassen. Doch zunächst kommt der Check-in. Der Empfang ist sehr herzlich und die Platzwahl frei. So steht das Wohnmobil bald neben einem großen Schatten spendenden Baum. Rundum erstreckt sich ein Stück unberührte gelb blühende Wiese. Zwischen den Wildblumen summt und brummt es. Dicke Hummeln fliegen von Blüte zu Blüte. Auch der Garten an der Rezeption darf von den Gästen genutzt werden, und so kann man dort wirklich noch etwas Zeit verbringen, zum Beispiel mit einem guten Buch.

Nachdem man tief und zufrieden geschlafen hat, wird man am nächsten Morgen von Vogelgezwitscher und der zwischen den Bäumen hindurchblitzenden Sonne geweckt und entspannt sich noch ein wenig, bevor es weiter zum nächsten Campingplatz geht: Le Camping des Charmilles, auch Hainbuchencamping genannt, erreicht man über eine ebenfalls lange gerade Strecke durch die wunderbare Natur des Hohen Venn.

Der mitten in der Natur gelegene Platz hat kleine und große Bereiche mit wild wachsenden Wiesen, die teils bunt blühen. Er ist der Aus-

gangspunkt für die heutige Wanderung. Die ersten 2,2 Kilometer der Strecke zum Parkplatz der Burg Reinhardstein können auch gut per Rad zurückgelegt werden. Das Parken von Wohnmobilen ist nicht zugelassen. Die Straße dorthin ist aber ohnehin sehr schmal.

Vom Parkplatz aus folgt man dem Weg stetig bergab in Richtung Burg an Wald und Wiese vorbei. Auf der rechten Seite plätschert ein winziger Bach, und schon taucht die Burg hinter dem Grün der vielen Bäume auf. Sie wurde im 14. Jahrhundert erbaut. In der Vergangenheit wechselte sie oft den Besitzer, stand ab 1812 leer und verfiel allmählich. Ende der 1960er-Jahre begann der Wiederaufbau. Heute erstrahlt die Burg in neuem altem Glanz und ist regelmäßig Schauplatz von Festen, Konzerten und Ausstellungen.

Kurz vorm Eingangstor zweigt ein schmaler Pfad ab. Ein verheißungsvolles Schild mit der Aufschrift »Cascade« (Wasserfall) weist den Weg. Bald ergibt sich ein wunderschöner Panoramablick auf die zwischen grünen Wäldern eingebettete Burg.

Da es nach kurzer Zeit steil bergab geht, sind gute Wanderschuhe Pflicht. Auf schmalen Pfaden wandert man hinunter ins Tal – und was einen dort erwartet, ist atemberaubend. Der kleine Fluss Gue La Warche fließt umrahmt vom Grün der Bäume idyllisch glitzernd durch sein flaches Bett mit vielen großen und kleinen Steinen. Märchenhaft! Jetzt läuft man noch etwas durch den Wald am Ufer der Gue La Warche entlang bis zu einer Holzbrücke. Auf der anderen Uferseite bietet sich einmal mehr ein faszinierender Blick. Das Ufer ist

Wer dem verheißungsvollen Wegweiser Cascade folgt, erreicht bald einen erfrischenden Wasserfall.

mit großblättrigen Grünpflanzen bewachsen, Wasser plätschert über die Steine, und in der Ferne ist bereits der ins Tal stürzende Wasserfall zu hören.

Bei niedrigem Wasserstand geht es am Flussbett entlang weiter zur Kaskade hinter der nächsten Flussbiegung. Alternativ führt ein ausgeschilderter Weg durch den Wald zum Ziel. Am Wasserfall kann noch einmal die Uferseite gewechselt werden. Dazu balanciert man über die im Fluss liegenden Steine. Die Cascade de Reinhardstein ist zwar nicht breit, aber mit 60 Metern der höchste Wasserfall Belgiens.

An seinem Fuß können die müden Beine in das erfrischende Wasser getaucht werden. Im Schatten der Bäume genießt man eine Pause,

während der Wasserfall gleichmäßig rauscht. Nach dieser angenehmen Abkühlung kehrt man auf dem gleichen Weg zurück: an der Gue La Warche entlang, steil nach oben zur Burg und zum Campingplatz.

An der Rezeption befindet sich ein kleines Geschäft mit allerlei regionalen Spezialitäten. Es gibt Gewürze, Brotaufstriche, Getränke und andere Leckereien. So lässt sich eine kleine Auswahl für das Abendessen zusammenstellen.

Nach einer erholsamen Nacht steht am nächsten Morgen eine weitere Wanderung auf dem Programm, mit dem Bayehon-Wasserfall als Ziel.

Nach Verlassen des Campingplatzes führt der Weg zunächst geradeaus, am Ende nach rechts und an einer scharfen Abzweigung nach links. Bald erreicht man den Ruisseau de Bayehon, einen wundervollen Bach, und blickt von oben auf eine Brücke zur anderen Uferseite. Hier macht der Weg eine Schlaufe. Nach Überquerung des Baches, der um große Steine herumfließt, folgt man dem rot-weiß markierten Wanderweg. Immer wieder passiert man Holzbrücken und wechselt dabei die Uferseite. Der Weg, der hin und wieder von Rinnsalen und matschigen Stellen bedeckt ist, verläuft wunderschön am Wasser entlang durch den Wald.

Schließlich wird auf einem kleinen Schild auf den Bayehon-Wasserfall hingewiesen. Um zu ihm zu gelangen, muss man vom Wanderweg einen kleineren Pfad nach unten nehmen. Je nach Jahreszeit und Wasserstand stürzt mehr oder weniger Wasser nach unten. Ist Letzte-

Zum Bayehon-Wasserfall folgt man der weiß-roten Markierung. Das Hohe Venn verzaubert mit einer Moor- und Heidelandschaft. Seit 1957 stehen Teile des Hohen Venn unter Naturschutz.

res der Fall, hat der Wasserfall wenig gemein mit den beeindruckenden Bildern, die man vielleicht von ihm kennt. Dennoch ist die Umgebung hier unten auch dann sehr hübsch. Ein französisches Pärchen hat es sich dementsprechend bei einem Picknick mit Wein und Baguette auf einem der großen Steine gemütlich gemacht.

Bis zum Wasserfall sind es rund 4,6 Kilometer. Entweder geht man nun den gleichen Weg zurück oder man folgt weiter dem dann insgesamt rund zehn Kilometer langen Rundweg. Dieser führt auf Wanderwegen weiter durch den Wald und endet an der Stelle, an der man zu Beginn scharf links abgebogen ist.

Hat man beim Wasserfall eine längere Pause eingelegt, ist man nach rund 2,5 Stunden wieder zurück am Campingplatz.

Nach einer erholsamen Dusche geht es im Anschluss in die Bar à Bout des Charmilles (domaine-charmilles.be/restaurant), das kleine campingplatzeigene Restaurant. Auf der Karte stehen Köstlichkeiten wie Pluma vom Schwein aus den Ardennen oder gebratener Fagnou-Käse mit wildem Fenchel. Außergewöhnlich und besonders lecker ist der Forellenburger.

Mit gesättigtem Bauch und wunderbaren Erinnerungen im Herzen fährt man nun zurück über die langen geraden Straßen des Hohen Venns. Die beeindruckende Weite wird ein letztes Mal aufgesogen. Und da ist auch noch einmal der Parkplatz, von dem aus die wunderbare Entdeckungsreise durch dieses herrliche Stück Belgien begann. Ein letzter Abschiedswink und vielleicht bis bald.

FAZIT: HOLZWEGE UND -BRÜCKEN FÜHREN OFT ZU DEN SCHÖNSTEN ORTEN.

On the Road: Zuerst geht es zum Parking Grenzweg 400 m hinter der deutsch-belgischen Grenze und nach den ersten beiden Wanderungen Richtung Eupen zum Camping Mont Dragon. Am nächsten Tag fährt man zum Camping des Charmilles (23 km).

Beste Zeit: Die Region hat zu jeder Zeit ihren Reiz. Im Herbst leuchten die Wälder bunt und das Venn erstrahlt in Rostorange. Im Frühling und Sommer blüht es in den Moorgebieten in unterschiedlichen Farben. In Phasen langer Trockenheit und Hitze kann es sein, dass die Wege durch die Naturschutzgebiete des Hohen Venn gesperrt sind.

Dauer & Strecke: Ein Wochenende. Die erste Rundwanderung beginnt quasi direkt hinter der Grenze zu Deutschland und ist ebenso wie die zweite 3 km lang. Insgesamt sollte man etwa 2 Std. einplanen. Für die 7 km lange Wanderung am nächsten Tag zum Wasserfall an der Burg Reinhardstein braucht man 3 Std. Bis zum Bayehon-Wasserfall und zurück sind es rund 10 km und 2,5 Std.

Ausrüstung: Feste Schuhe, etwas zu lesen.

Wenn es Nacht wird: Camping Mont Dragon (www.montdragon.be), Hainbuchencamping (domaine-charmilles.be/camping).

AUF UND AB

… entlang der Ourthe

#6

Vom Kanufahren auf dem Nisramont-Stausee über Wanderungen in der wilden Natur bis zu Legenden im beschaulichen Städtchen La Roche-en-Ardenne: Auf der Route durch das Ourthetal stößt man auf die ein oder andere Überraschung.

#Ardennen #Flussabenteuer #kurvigePfade

Gemütlich plätschert die Ourthe am Camping de l'Ourthe entlang. Blumenkästen mit farbenfrohen Blüten schmücken die Brücken in La Roche-en-Ardenne (rechts).

Gemächlich schlängelt sich die Straße ins Tal. Die Region ist von Wald geprägt, der die sanften Hügel bedeckt. Auf dem großen Parkplatz am Nisramont-Stausee herrscht an diesem Tag einiger Andrang, aber das Glück eilt zu Hilfe – gerade wird ein Parkplatz frei. Also ab in die Lücke, und im Anschluss wird erst einmal ein Kaffee gekocht, um richtig im Ourthetal anzukommen. Perfekt, so ein rollendes Zuhause!

Der Stausee wird gespeist von der westlichen und östlichen Ourthe und liegt im Naturpark Deux Ourthes. Die beiden Quellflüsse fließen hier zusammen und bilden den Fluss Ourthe.

Für die erste Wanderung dieses Wochenendes wird der Rucksack mit Getränken, einem Snack und der Kamera gefüllt, dann kann es losgehen! Vom Parkplatz folgt man zunächst einem nicht besonders spektakulären Weg zur begehbaren Staumauer. Diese ist 116 Meter lang und bietet auf der einen Seite einen Blick über die weiter Richtung La Roche-en-Ardenne fließende Ourthe und auf der anderen über den See voller bunter Kanus. Dabei ist auch zu hören, wie ein Kanu nach dem anderen ins Wasser geschoben wird. Scheinbar macht eine Gruppe Jugendlicher einen Ausflug.

Vor lauter Aufs-Wasser-Gucken ist man schnell am Ende der Mauer angelangt. Dort weist ein Schild auf den 13 Kilometer langen Rundweg um den See hin. Die Wanderung soll allerdings in die andere Richtung, also im Uhrzeigersinn erfolgen, deswegen geht es wieder zurück. Auch auf dieser Seite findet sich ein Schild. Es ist allerdings viel ausführlicher und zeigt zudem eine aufschlussreiche Karte. Zunächst sieht man noch das Ufer des

Sees, aber bald windet sich der felsige Weg durch dichten Wald nach oben. Definitiv kein leichter Wanderabschnitt – rutschfeste Wanderschuhe sind Pflicht.

Immer wieder ergeben sich fabelhafte Ausblicke auf das Tal und den zwischen weiten grünen Wäldern gelegenen Stausee. Nach rund 2,5 Kilometern erreicht man schließlich einen Aussichtspunkt mit Blick auf den Zusammenfluss der östlichen und westlichen Ourthe. Kleine Wolken spiegeln sich im Wasser, und erneut sind einige Kanus zu sehen, die ruhig über das kühle Nass gleiten. Bei diesem Wetter muss das herrlich sein.

Also wird kurzerhand der Plan geändert. Anstatt dem Rundweg weiter zu folgen, was insgesamt etwas über fünf Stunden in Anspruch nähme, geht es zurück. Am Camper werden die Wanderschuhe gegen Flipflops und der Rucksack gegen einen wasserdichten Packsack getauscht. Dann steuert man erneut den Staudamm an, wo verschiedene Kanuvermietungen kleine Stände haben. Beim ersten ist in einer Stunde wieder ein Kanu frei, beim zweiten kann es dagegen sofort losgehen. Übrigens bekommt man bei Bedarf ein kleines verschließbares wasserdichtes Fass dazu, in dem die Ausrüstung während der Tour gut geschützt ist. Nach der Bezahlung in bar sucht man sich ein Kanu aus und trägt es zum wenige Meter entfernten Einlass.

Mit einem fröhlichen »Ahoi« beginnt der Ausflug. Das Kanu gleitet sanft flussaufwärts, den Schleifen der aufgestauten Ourthe folgend. Die Strömung ist kaum spürbar, und die baumbewachsenen, teils felsigen Ufer bieten eine malerische Kulisse. Schließlich

erreicht man die vorher von oben gesehene Stelle: Hinter einer Kurve blickt man auf zwei Einmündungen, dazwischen dichter Wald. In Ruhe treibend, lässt sich die Szenerie genießen. Dann erfolgt der entspannte Rückweg. Nach knapp zwei Stunden gibt man das Kanu glücklich wieder ab, um die Fahrt zum heutigen Campingplatz anzutreten.

Zunächst geht es aus dem Tal heraus. Bald ist man umgeben von saftigen Wiesen und blickt von oben auf die dichten Wälder. Dann verläuft die Strecke wieder bergab und nach Mabôge. Bei der Fahrt durch den Ort fällt die Kirche Saint-Roch durch ihre beeindruckende Steinfassade auf. Kaum ist die Kapelle im klassizistischen Stil passiert, entdeckt man schon die ersten Wohnmobile auf dem Ardenne Camping Mâboge, der sich sanft an die Biegung der Ourthe schmiegt.

Nach einem freundlichen Empfang an der Rezeption darf man sich eine Parzelle aussuchen. Einige liegen direkt am Fluss, sind aber natürlich stets zuerst belegt. Der moderne Campingplatz verfügt über ein außergewöhnlich gutes WLAN, was im Ourthetal ein großer Vorteil ist, da es an vielen Stellen kaum bis gar keinen Handyempfang gibt.

Nach einer regnerischen Nacht steigt am nächsten Morgen die Feuchtigkeit langsam über den Wäldern rings um den Platz auf, und die Sonne bahnt sich ihren Weg durch die Wolken. Die Ourthe bietet hier eine gute Gelegenheit sich ein wenig abzukühlen. An diesem Morgen ist das jedoch nicht nötig.

Nach einem gemächlichen Start in den Tag führt die Fahrt zum Le Hérou, einer gewaltigen Felswand an der Ourthe. Am Parkplatz

Am Morgen steigt leichter Nebel über den Wäldern des Ourthetales auf, bevor sich die Sonne ihren Weg bahnt.

wartet aber erst eine andere Überraschung: das verlassene Hotel und Restaurant Le Belvedere. Wo früher Gäste beherbergt wurden und man vom Aussichtsturm einen herrlichen Rundumblick hatte, steht heute ein verlassenes Gebäude mit zerschlagenen Fensterscheiben. Sehr schade, denn die Lage ist wirklich fabelhaft.

Aber jetzt werden die Wanderschuhe geschnürt! Ziel ist erneut die Ourthe. Zunächst geht es einen recht steilen Pfad hinab. Auf

dem teils felsigen Untergrund sind also unbedingt rutschfeste Schuhe erforderlich! Ist man endlich unten am Fluss angekommen, hat man sich eine kleine Verschnaufpause verdient. Dann führt der Weg nach rechts entlang des Ufers. Wieder ist Vorsicht geboten, da Wurzeln aus dem Boden ragen können. Zudem liegen entwurzelte Bäume quer über dem Weg oder im Fluss. Auf der rechten Seite ragt die mächtige Felswand empor. Dieser Teil des Ourthetals ist wilder als die bisher gesehenen Abschnitte und hat einen ganz besonderen Reiz. Dank des aktuell recht niedrigen Wasserstands ist es möglich, der Route direkt im Flussbett zu folgen. Dennoch wird der Weg immer schwerer passierbar. Als erneut ein rutschiger Hügel halb bedeckt von einem quer liegenden Baum voraus liegt, erfolgt schließlich die Umkehr. Es geht auf dem bekannten Weg wieder zurück. Der Aufstieg zurück zum Parkplatz erfordert ordentlich Puste. Oben angekommen, heißt es durchatmen. Obwohl die Wanderung anstrengend war, hat sich der Abstieg zu diesem Abschnitt der Ourthe sehr gelohnt.

Mit dem Camper wird das nächste Ziel angesteuert: La Roche-en-Ardenne. Durch Nadrin und vorbei am Campingplatz der letzten Nacht folgt man anschließend dem Lauf der Ourthe. Immer wieder erhascht man herrliche Blicke auf den Fluss, bis man La Roche-en-Ardenne, eine bezaubernde kleine Stadt an einer Ourtheschleife, erreicht. Die charakteristischen Natursteinfassaden der Häuser verleihen ihr einen besonderen Charme. Auf der Brücke

Gerade hat eine Gruppe ihre Kanus ins Wasser gelassen und macht sich auf den Weg zum Zusammenfluss der beiden Ourthes.

über den Fluss hängen Blumenkästen mit leuchtenden Blumen. Kurz vor einer weiteren Ourthe-Brücke biegt man scharf links ab und fährt nun immer geradeaus bis zum Camping de l'Ourthe.

Zugegeben, auf den ersten Blick wirkt der Platz nicht sonderlich einladend – schon allein aufgrund seiner Größe. Die fußläufige Lage zur beschaulichen Stadt ist allerdings unschlagbar, und der Bereich direkt an der Ourthe, wo kleine und große Zelte am Ufer aufgeschlagen sind, ist sehr hübsch. Das findet auch eine Gänsefamilie, die dort offensichtlich einen schönen Tag verbringt. Die eher flache Flussstelle eignet sich wunderbar, um die Füße abzukühlen. Wegen der vielen Steine sollte man aber Wasserschuhe tragen. Ein paar Meter weiter spielen Kinder fröhlich im erfrischenden Nass.

Jetzt lässt man das bunte Treiben des Campingplatzes aber erst einmal hinter sich. Nach nur knapp einem Kilometer zu Fuß erreicht man La Roche-en-Ardenne. Die Brücke der Rue de la Gare führt über die Ourthe. Es gibt eine entzückende kleine Innenstadt mit einigen Restaurants, und früher oder später kommt man mit Sicherheit am eindrucksvollen Gebäude der Gemeindeverwaltung mit einer Steinfassade und hohen Fenstern samt Blumenkästen vorbei. Nach oben zur Eingangstür gelangt man über eine fast herrschaftliche Treppe. Am Dach prangt das Wappen der Stadt. Vor dem Gebäude steht eine Brunnenskulptur mit einer Frauenstatue im

langen Kleid, genannt Berthe au fil de l'eau. Das klingt zunächst nichtssagend. Doch dahinter steckt mehr. Demnach soll besagte Berthe, Tochter des Herrn von La Roche, bis heute in der Burgruine der Stadt spuken. Berthes Vater veranstaltete einst ein Turnier, um den Gewinner mit seiner Tochter zu verheiraten. Erst trat nur der Graf von Montaigu an, aber dann tauchte ein weiterer, geheimnisvoller Ritter auf. In einem spannenden Kampf

---

On the Road: Von der deutsch-belgischen Grenze auf der A60 bei Hasselbach sind es ca. 52 km bis zum Nisramont-Stausee. Es folgt die Fahrt zum Ardenne Camping Mâboge (13 km). Am nächsten Morgen geht es zum Le Hérou (8 km), später 24 km zum Camping de l'Ourthe.

Beste Zeit: Wenn es warm genug ist, die Füße ins erfrischende Wasser der Ourthe zu stecken.

Dauer & Strecke: Ein Wochenende. Die Wanderung zum Zusammenfluss der beiden Ourthes und zurück ist rund 5 km lang und dauert aufgrund der anspruchsvollen Route etwa 2 Std. Nimmt man sich den kompletten Rundweg vor, sollte man für die 13 km mit etwa 5 Std. rechnen. Für die Fahrt mit dem Kanu zum Zusammenfluss und zurück braucht man rund 2 Std. Für die 5 km lange Wanderung am Le Hérou plant man mit Pausen 2 bis 3 Std. ein. Der Rundgang durch La Roche-en-Ardenne dauert 1,5 Std. für 4 km.

Ausrüstung: Feste Schuhe, Wasserschuhe. Statt dem Kanu kann man bei der Tour auf dem Nisramont natürlich auch das SUP nehmen.

Wenn es Nacht wird: Ardenne Camping Mâboge (www.ardennecamping.be/de), Camping de l'Ourthe (www.campingdelourthe.be).

An die Paddel: Den Nisramont-Stausee erkundet man am besten direkt vom Wasser aus. Das Ourthetal überrascht mit naturbelassenen Uferabschnitten.

besiegte dieser den Grafen und sollte nun Berthe heiraten, die allerdings am nächsten Morgen tot aufgefunden wurde. Daraufhin stellte sich heraus, dass der geheimnisvolle Ritter in Wirklichkeit die Gräfin Alix de Salm war. Sie war bereits zuvor dem Grafen versprochen gewesen, gegen den sie gekämpft hatte, und sie war es, die Berthe getötet hatte. Die tragische Geschichte wird ab und zu in der Burg aufgeführt.

Die Ruinen der Burg liegen auf einem Hügel und sind von vielen Stellen der Stadt aus zu sehen. Fast ebenso auffällig ist die neugotische Kirche Sankt Nikolaus. Da La Roche-en-Ardenne Ende des 19. Jahrhunderts das touristische Zentrum der Ardennen war, musste es die größte und schönste Kirche haben. Innen beeindrucken neben verschiedenen Gemälden und Statuen insbesondere die Buntglasfenster, die für ein ganz besonderes Licht sorgen.

Nach dem kleinen Rundgang durch den Ort geht es zurück zum Campingplatz, wo der Abend gemütlich ausklingt. Behaglich startet auch der nächste Morgen. Der Vormittag verfliegt bei einem ausgedehnten Frühstück und einem kleinen Spaziergang entlang der Ourthe. Schließlich ist es Zeit, aufzubrechen und diesen wunderbar abwechslungsreichen Fluss zu verlassen.

FAZIT: DAS OURTHETAL ÜBERZEUGT AUF GANZER LINIE ZU WASSER UND ZU LAND!

MIT CAMPER UND BAHN

… durch Luxemburg

#7

In der grünen Region rund um den Obersauer-Stausee lässt es sich wunderbar wandern. Am nächsten Tag bleibt der Camper stehen, und es geht bequem mit der Bahn in die Stadt Luxemburg, die mit Abwechslung, Kultur und schönen Aussichten lockt.

#Bahnreisen #LuxemburgStadt #krasseKontraste

Bei einer kleinen Pause schweift der Blick über den Obersauer-Stausee.

Im Wohnmobilhafen des Campingplatzes Liefrange parkt man mit Blick auf das Grün der Luxemburger Ardennen. Im Vordergrund erstrecken sich Felder und grüne Wiesen, die in einen dichten Wald übergehen. Ist dort auf der Freifläche vorm Wald nicht ein Reh? Langsam läuft es über die Wiese und verschwindet wieder zwischen den Bäumen.

Der Platz liegt im kleinen gleichnamigen Ort nicht weit vom Obersauer-Stausee entfernt. Diese wunderschöne Landschaft möchte erkundet werden, und so geht es auf dem Wanderweg direkt vom Campingplatz ins Grüne. Der Weg ist teils schmal und steil, aber gut ausgeschildert. Erstes Ziel ist der Aussichtspunkt Houscht. Von dort hat man einen fabelhaften Blick auf die Talsperre mit der Béiwener Staumauer, die in das Grün der umliegenden Wälder eingebettet ist. Der Stausee, der unter anderem der Trinkwasserversorgung dient, ist der größte See des Landes und ein abwechslungsreiches Freizeitgebiet. Hier kann gewandert, geschwommen, gesegelt und sogar getaucht werden.

Anschließend geht es weiter zur Base Nautique neben einem Badebereich. Durch den Ort kann man zurück zum Campingplatz laufen, aber zunächst führt der Weg noch durch den dichten Wald am Ufer entlang. Die Bäume sind moosbewachsen. Auf dem See gleitet ein Segelboot gemütlich dahin. Schließlich erreicht man die Floating Bridge de Lutzhausen, eine schwimmende Brücke, über die man auf die andere Seite des Stausees gelangt. Links von der Brücke starten gerade zwei Stand-up-Paddler eine Tour. Auf der rechten Seite sind noch die aufsteigenden Luftblasen zweier Taucher zu sehen. Der Badestrand und die angrenzende Wiese laden zu einer kurzen Pause ein. Zum Baden ist es an diesem Tag zwar zu kühl, aber das klare Wasser sieht so einladend aus, dass man zumindest die Füße erfrischen und anschließend in der Sonne trocknen kann. Dann kehrt man zurück zum Campingplatz, wo die Snackbar Beim Peter auf hungrigen Wandersleute wartet. Sehr lecker schmeckt zum Beispiel der Mountain-Burger mit Ziegenkäse und Rösti!

Am nächsten Vormittag fährt man weiter zum Camping Fuussekaul. Die Route führt über

Öffentliche Verkehrsmittel sind in Luxemburg kostenfrei. Somit bleibt der Camper stehen und es geht mit der Bahn in die 40 Kilometer entfernte Hauptstadt.

eine Brücke des Obersauer Stausees, und es ergeben sich immer wieder wunderschöne Aussichten auf die baumbewachsene Landschaft. Der riesige Campingplatz hat einen Pool, eine Trampolinanlage, verschiedene Spielplätze und eine gute Anbindung an den Nahverkehr. Das Ziel ist allerdings der dazugehörige Stellplatz für Wohnmobile, der deutlich ruhiger liegt, übersichtlicher ist und sich perfekt für kurze Aufenthalte eignet. Direkt nach dem Check-in an der Rezeption des Campingplatzes werden die Fahrpläne der Bushaltestelle vor dem Platz überprüft, denn heute wird vom Camper auf Bus und Bahn umgestiegen!

Seit Anfang 2020 ist der öffentliche Transport in ganz Luxemburg kostenlos, egal ob mit Bus, Bahn oder Straßenbahn. Man braucht sich also keinerlei Gedanken um den Ticketkauf machen. Einfach einsteigen und die Fahrt genießen!

Mit dem Bus geht es über Land zum kleinen Bahnhof in Ettelbrück und von dort weiter mit dem Zug in die Hauptstadt Luxemburg. Die Landschaft fliegt am Fenster vorbei, und die Bahnhöfe, an denen gehalten wird, sind unspektakulär. Wer Glück hat, erwischt einen IC, der gerade einmal 30 Minuten für die Strecke benötigt. Häufiger starten allerdings Regionalbahnen, die gut 45 Minuten unterwegs sind.

Langsam fährt der Zug in den Zielbahnhof ein, der für einen Hauptstadtbahnhof recht übersichtlich ist. Und so betritt man schon bald die Straßen von Luxemburg. Nach der Ruhe auf dem Land dauert es einen Moment, bis man sich im Gewusel orientiert hat. Auf der Straße rollt ein Auto nach dem anderen vorbei, und auf dem Bahnhofsvorplatz ertönt das Stimmengewirr von kreuz und quer laufenden Menschen.

Die Avenue de la Gare entlang geht es Richtung Altstadt. Die Straße ist gesäumt von großen und kleinen Geschäften, Restaurants und Wohnhäusern. Immer wieder fallen hübsche ältere Gebäude ins Auge. Beim Überqueren

Über den Obersauer-Stausee führt eine schwimmende Brücke (links). In Luxemburg-Stadt finden sich spannende Kontraste zwischen alt und neu.

der Passerelle-Brücke hat man einen interessanten Blick auf klassische Gebäude, moderne Glasfassaden und das leuchtende Grün vieler Bäume.

Kurz darauf steht man vor der Kathedrale Notre Dame. Das prächtig verzierte Hauptportal liegt in der Rue de Notre Dame. Die Kathedrale ist ein Bauwerk der Spätgothik, weist aber auch vom Renaissancestil beeinflusste Elemente auf. Tritt man durch das Eingangsportal, findet man sich im weiträumigen Inneren mit farbenfrohen Fenstern und verzierten Säulen wieder. Ebenso beeindruckend sind der Chor mit dem detailreichen Altar sowie die große Orgel auf der gegenüberliegenden Seite.

Im Anschluss schlendert man über die Place Guillaume II mit einem Reiterdenkmal des gleichnamigen Königs der Niederlande und Großherzogs von Luxemburg. Auf der angrenzenden Place d'Armes reihen sich Cafés und kleine Lokale aneinander. Besonders hervor sticht das Gebäude des Cercle Municipal mit seiner hübsch verzierten Fassade und der großen Uhr in der Mitte seines Daches. Von 1953 bis 1969 diente es als Sitzungsort der Europäischen Gemeinschaft für Kohle und Stahl. Heute wird das Kulturzentrum für Empfänge, Ausstellungen und andere Veranstaltungen genutzt.

Dann geht es weiter zum Nationalmuseum (www.nationalmusee.lu/de). Das große eckige Gebäude ist nicht zu verfehlen. Es beherbergt wechselnde Sonder- sowie Dauerausstellungen zu den Themen Kunst und Geschichte von den Anfängen der Menschheit

bis zur Neuzeit. Der Eintritt für die Dauerausstellungen ist immer frei. Es lohnt sich also in jedem Fall, einen Blick in das moderne Museum zu werfen.

On the Road: Von der luxemburgisch-deutschen Grenze bei Darsburg sind es rund 35 km bis zum Camping Liefrange. Nächstes Ziel ist der 17 km entfernte Camping Fuussekaul.

Beste Zeit: Im Frühling und Herbst – dann herrschen für einen Städtetrip angenehme Temperaturen.

Dauer & Strecke: Ein Wochenende. Die 6,5 km lange Rundwanderung ab dem Campingplatz dauert mit Pause 2 bis 3 Std. Mit Bus und Zug benötigt man von Fuussekaul je nach Anschluss 1 bis 1,5 Std. bis in die Stadt Luxemburg. Für die Stadt selbst sollte man 3 Std. einplanen.

Ausrüstung: Wanderschuhe.

Wenn es Nacht wird: Wohnmobilhafen auf dem Camping Liefrange (camping-liefrange.lu), Camperhafen Fuussekaul (Camping Fuussekaul; fuussekaul.lu).

Nächstes Ziel sind die Kasematten der Stadt: unterirdische Anlagen aus Gängen und Höhlen, die im 17. Jahrhundert zu Verteidigungszwecken angelegt wurden. Sie gehören seit 1994 zum UNESCO-Welterbe und erstrecken sich über eine Länge von insgesamt 17 Kilometern. Spaziert man durch die unterirdischen Gänge, kann man nur erahnen, welch ein Treiben in diesem Labyrinth einst geherrscht haben muss. Zurück an der frischen Luft blickt man beim Gang über die Rue Sosthène Weis von oben auf den Fluss Alzette, die Kasematten und die Stadt.

Nun ist es Zeit für eine Erfrischung. In der farbenfrohen Bar De gudde Wëllen (degudde-

Alles klar für einen gemütlichen Ausklang nach einem langen Tag: Zum Filmabend gibt es Popcorn!

wellen.lu) genießt man zur Musik eine wundervolle Aussicht auf Luxemburg. Hier lässt sich zum Beispiel ein Glas Wein genießen – schließlich muss heute niemand mehr fahren.

Anschließend tragen einen die langsam müde werdenden Beine zurück zum Hauptbahnhof, wo tatsächlich schon der Zug Richtung Ettelbrück wartet. Wie schön, sich auf die bequemen Sitze fallen lassen zu können. Ein paar Minuten später setzt sich die Bahn in Bewegung. Beim gleichmäßigen Rattern fällt es schwer, nicht wegzudösen. Angekommen in Ettelbrück, heißt es noch etwas auf den passenden Bus warten, der einen schließlich wieder vor die Tür des Campingplatzes bringt.

Eine kleine Erkundungstour offenbart hier noch eine Überraschung, denn beim Inddorspielplatz gibt es einen Popcornautomaten mit wahlweise süßem oder salzigem Popcorn. So ist das weitere Programm auch geklärt! Es gibt einen Filmabend.

Nach einem langsamen Start in den neuen Tag mit frischem Kaffee und vorbestellten Brötchen geht es auf einen kurzen Spaziergang durch die grüne Umgebung des Campingplatzes. Dann ist es Zeit, sich wieder selbst ans Steuer zu setzen. Über mit Bäumen gesäumte Straßen und durch gemütliche Ortschaften geht es zurück nach Deutschland.

FAZIT: LANDLEBEN UND STÄDTETRIP LASSEN SICH IN LUXEMBURG PERFEKT KOMBINIEREN.

2. KAPITEL IM OSTEN

Polen & Tschechien

Per Kanu und SUP über's Wasser gleiten, fabelhafte Aussichten genießen und über den Baumwipfeln spazieren. Östlich von Deutschland stehen spannende Wochenendfluchten bevor.

POLEN

MEER UND SEE

… im Norden von Polen

Schattige grüne Kiefernwälder und lange Sandstrände – so begrüßt die polnische Ostsee ihre Besucher. Über Usedom geht es auf die Insel Wolin. Im Norden von Polen gibt es aber nicht nur Meer, sondern auch Seen. An einem davon liegt gut versteckt ein kleines Camperparadies.

#polnischeOstsee #Ahoi #Seezauber

Die Mühlenbake auf Usedom ist ein Wahrzeichen und markiert die Zufahrt zum Hafen. Die kilometerlangen Sandstrände eignen sich hervorragend für kleine und große Baumeister.

→ POLEN ...

Ganz unbemerkt verlässt man im Osten Usedoms Deutschland und befindet sich plötzlich in Polen. Die Fahrt führt durch die quirlige Stadt Świnoujście (Swinemünde). Auf dem Parkplatz am nordöstlichen Zipfel der Insel wird der Camper abgestellt, denn die Ostsee ruft.

Auf einem Fußweg gelangt man zwischen Bäumen hindurch in Richtung Meer. Der Weg wird sandig, man läuft auf einen kleinen Hügel, hinter dem schon das Wasser hervorlugt. Die Bäume werden von Büschen und Dünengras abgelöst und plötzlich liegen der riesige Strand und die Ostsee in ihrer vollen Schönheit vor einem. Der Strand ist breit und nach links so lang, dass die Augen das Ende nicht erfassen können. Auf der rechten Seite befindet sich eine Kitestation. Wer möchte kann hier Unterricht im Kitesurfen nehmen oder sich ein SUP oder Skimboard ausleihen.

Auf der Mole, die in einiger Entfernung ins Wasser ragt, steht stolz die bekannte Mühlenbake, ein weißer Leuchtturm mit großen

Windmühlenflügeln. Sie ist ein Wahrzeichen Usedoms und markiert auf der Westmole die Einfahrt in die Swine und damit die Zufahrt zum Hafen von Swinemünde. Die Mole kann zu Fuß betreten werden und so lässt sich ein näherer Blick auf das besondere Seezeichen werfen.

Hier herrscht reges Treiben. Zum einen zieht die Mühlenbake zahlreiche Touristen an und zum anderen ist auch der Schiffsverkehr spannend zu beobachten. Immer wieder erblickt man in der Ferne ein weiteres großes Schiff, das sich bald der Einfahrt nähert und dann langsam die Swine entlanggleitet. Nachdem einige Schiffe vorbeigezogen sind, geht es über die Mole wieder auf den Strand.

Der Weg führt nun direkt am Wasser entlang in Richtung Promenade von Swinemünde. Die Schuhe baumeln in der Hand, barfuß läuft es sich viel angenehmer über den weichen Sand. Was für ein herrliches Gefühl, ihn bei jedem Schritt unter den Füßen zu spüren. Die Ostsee verströmt ihren ganz typischen Duft. Ein paar tiefe Atemzüge später ist man schon fast da. Auf dem Weg zwischen zwei Beachbars hindurch verlässt man den Strand und ist nach wenigen Metern in einer Straße mit Hotels und Restaurants. Ziel ist die Fischzentrale (Centrala Rybna), wo es köstliche Fischbrötchen gibt, die zu einem Besuch an der Ostsee doch irgendwie dazugehören.

Im Anschluss schlendert man am Strand wieder barfuß zurück zum Camper. Der Besuch auf der polnischen Seite von Usedom geht schon zu Ende. Mit einer kurzen kostenlosen Fährfahrt geht es über die Swine weiter auf die Insel Wolin. Um eine Extrarunde zu ver-

Auf dem kleinen Campingplatz in Łukeçin übernachtet man mitten im Kiefernwald. Ist ein Schwan mit seinem Nachwuchs unterwegs, hält man besser etwas Abstand.

meiden, fährt man zur südlichen Fährstelle, denn nur diese ist auch für Touristen. Die Fähre weiter nördlich direkt in Swinemünde ist ausschließlich Einheimischen vorbehalten. Die kleinen Autofähren fahren sehr regelmäßig auf die andere Seite. In der Hauptsaison und je nach Tageszeit kann es dennoch zu Wartezeiten kommen.

Die Fährfahrt selbst dauert nur wenige Minuten. Schon bald rollt man, am anderen Ufer angekommen, wieder auf die Straße. Zunächst entlang weiter Wiesen und Felder, doch schon bald taucht man in dichten Wald ein. Der nächste Halt führt auf einen gemütlichen Waldparkplatz mit überdachten Picknickplätzen, auf dem der Camper abgestellt wird. Dann heißt es Badesachen zusammenpacken und ab durch den Wald! Auf dem Weg ist man allerdings alles andere als allein – hier scheinen Hunderte von Mücken ihr Zuhause zu haben, und sie stürzen sich auf alles, was ihnen unter ihre kleinen Rüssel kommt. Man ist also gut beraten, nicht zu sehr zu trödeln.

Nach rund fünf Minuten lichtet sich der Wald und man tritt auf einen schier unendlich langen Strand. Die Schuhe fliegen in hohem Bogen in den Sand und kurz darauf umfließen die erfrischenden Wellen die nackten Füße. Was für eine Wohltat! Wer möchte, stürzt sich anschließend komplett in die Fluten. Wobei Fluten hier mehr als übertrieben ist. Der Strand fällt ganz langsam ab.

Nach dieser Erfrischung ist es Zeit, auch Wolin zu verlassen und zum Campingplatz zu fahren. Dieser ist etwas versteckt in dem kleinen Ort Łukeçin. In der Karte ist der Campingplatz samt der dazugehörigen Ferienhäuser mit »Ośrodek Wypoczynkowy ZUT« vermerkt. Die Verständigung mit der Inhaberin gestaltet sich etwas schwierig, da diese weder deutsch noch englisch spricht. Mithilfe einer Übersetzungs-App ist das Anmeldeformular aber bald ausgefüllt. Hier ist sogar Kartenzahlung möglich. Vorgegebene Parzellen gibt es auf dem Platz nicht; man sucht sich seinen Platz mitten im Kiefernwald. Was für eine traumhafte Möglichkeit, mit dem Wohnmobil zu übernachten!

Der Sonnenuntergang ist eine gute Gelegenheit, dem nahe gelegenen Strand einen Besuch abzustatten. Dieser ist nur einen kurzen Spaziergang durch den Wald entfernt und überrascht ebenfalls mit seiner unglaublichen

Weitläufigkeit. Dort, wo der Wald auf den Strand trifft, fällt der sandige Boden steil ab. In diesen steilen Sandwänden befinden sich viele kleine Löcher. Sobald man sich nähert, sieht man immer wieder Vögel aus diesen Löchern heraus- oder hineinfliegen. Was für herrliche Wohnzimmer! Die Sonne taucht den Strand jetzt in ein magisches Licht. Die Wellen kräuseln sich sanft. Den warmen Sand unter den Füßen, läuft man noch etwas am Wasser entlang, bevor es zum Campingplatz zurückgeht.

Schiffsverkehr: Von der Westmole in Swinemünde hat man beste Aussichten. Bevor die Tour zum Campingplatz in Kolomać (Mitte) führt, wartet in Rewal noch eine Stärkung (rechts).

Am nächsten Morgen weckt Vogelgezwitscher die Campinggäste. Die Kiefern spenden wohltuenden Schatten. Es duftet so herrlich nach Wald, dass man automatisch etwas tiefer einatmet. Bevor die Reise fortgesetzt wird, gibt es noch einmal einen erfrischenden Strandausflug. Jetzt ist es deutlich voller als am Abend. Familien haben sich im feinen Sand niedergelassen, bunte Strandtücher leuchten in der Sonne, Kinder spielen am Strand und im Wasser sind einige Schwimmer zu sehen.

Nun ist es Zeit für die Weiterfahrt. Entlang der Küste geht es bis nach Rewal, wo man das Wohnmobil auf einem ortsnahen Parkplatz abstellen kann. Bevor es ein letztes Mal zur Ostsee geht, lockt das kleine Eiscafé Lodziarnia Stodkie Marzenie. Schon von Weitem ist es an seiner leuchtend gelben, pink- und türkisfarbenen Dekoration zu erkennen. Wer Eis und Waffeln liebt, nimmt eine Bubbelwaffel gefüllt mit Softeis, Sahne und frischen Früchten. Der anschließende Verdauungsspaziergang führt zum Strand, wo noch einmal die Zehen ins Wasser gehalten werden. Dann heißt es Abschied nehmen von der Ostsee, denn es geht weiter ins Landesinnere.

Besonders weit führt die Reise aber zunächst nicht, denn schon bald taucht an einem Kreisverkehr plötzlich eine einladende Selbstbedienungswaschanlage auf. Da der Camper durchaus mal wieder eine Wäsche gebrauchen kann, wird kurzerhand ein Reinigungsstopp eingelegt. Die Einfahrtshöhe in die Kabinen ist sehr großzügig. Es gibt sogar einen Platz, der groß genug für LKW ist. Bezahlt werden kann mit Münzen oder ganz bequem per Karte. Die große Überraschung kommt, wenn der

Besonders schön sind die langen Sandstrände der polnischen Ostsee, wenn sie von der untergehenden Sonne in goldenes Licht getaucht werden.

Schaum auf's Fahrzeug gesprüht wird: Es ist plötzlich eingehüllt in herrliches Rosa. So farbenfroh macht die Wäsche gleich noch mehr Freude. Nach vielem Schäumen, Schrubben und Abspülen glänzt der Camper schließlich wieder, und die Fahrt kann weitergehen. Die Strecke führt nun von der Küste weg.

Bei Karnice biegt man auf die Woiwodschaftsstraße 110 ein. Dieser folgt man für einige Kilometer. Bald strahlt die Landschaft eine große Ruhe aus. In Gryfice verlässt man schließlich die DW110 und der Weg führt in das kleine Dorf Kolomać. An einem Tor soll die Einfahrt zum Campingplatz Ostoja sein. Allerdings sind nirgendwo Camper zu sehen und auch sonst ist niemand da. Nach einem Blick um die Ecke kommt schließlich eine freundliche Dame aus dem Haus. Die Verständigung ist auch hier etwas schwierig, da sie ausschließlich Polnisch spricht, aber bald ist klar, dass man hier tatsächlich mit dem Wohnmobil stehen kann – nämlich unten am See. Gemächlich rollt man mit dem Camper auf dem schmalen Weg nach unten. Bald zeigen sich der See mit zwei Stegen und eine schöne flache Stellfläche samt Stromanschlüssen für Wohnmobile. Ein Juwel, das man von der Straße aus nie erwartet hätte.

Die Sonne scheint, im Wasser blühen gelbe Seerosen und am Steg liegen ein Ruderboot, ein Tretboot sowie mehrere Kanus. Nach dem das Wohnmobil geparkt ist, ist der nächste Schritt also klar: Ab mit dem Tretboot auf den See!

Etwas Vorsicht ist geboten, denn manchmal ist eine Schwanenfamilie mit ihren Jungen unterwegs. Diese möchte man natürlich nicht stören, weswegen es mit dem Tretboot schnell in die andere Richtung geht. Der Schwanenpapa schaut dennoch sehr skeptisch in Richtung Tretboot. Der Campingplatz wird aber bald immer kleiner, dafür taucht am Ufer ein weiterer Steg auf, der zu einer Badestelle gehört. Kinder springen hier fröhlich lachend ins Wasser.

Der Kolomackie-See, auf dem man hier unterwegs ist, hat eine Fläche von rund 33 Hektar und ist damit ein eher kleiner See. Dazu passt seine maximale Tiefe von 4,6 Metern. Nichtsdestotrotz ist der See groß genug, um eine Weile mit dem Boot unterwegs zu sein und

Ein Blick auf den Kolomackie-See am Camping Ostoja.

vom Wasser aus die umliegende Landschaft auf sich wirken zu lassen. Der Campingplatz sowie die Badestelle scheinen die einzigen Orte zu sein, an denen der See so zugänglich ist. Das restliche Ufer ist zumeist von dichtem Wald umgeben. Eine perfekte Idylle zwischen wunderschön blühenden Seerosen.

Zurück an Land wird heute gegrillt. Seinen Tisch braucht man dafür nicht extra aufbauen, denn der Platz verfügt über eine große überdachte Sitzmöglichkeit. Hier klingt der Abend mit Blick auf aufs Wasser allmählich aus.

Beim Frühstück am nächsten Morgen kann man wieder die Schwanenfamilie beobachten. Die Tiere sitzen im Gras in der Nähe des Stegs und genießen offenbar ebenfalls die Sonne. Es ist wunderbar ruhig hier. Bald aber geht es mit dem Camper wieder den Weg hinauf zur Straße und dieser besondere Ort versteckt sich wieder.

FAZIT: FRISCHE SEELUFT TUT IMMER GUT!

On the Road: Der Parkplatz an der Mühlenbake ist nur 6 km von der deutsch-polnischen Grenze auf Usedom entfernt. Bis zum Campingplatz in Łukęçin sind es 61 km. Der nächste Stellplatz in Kolomać ist nach 42 km erreicht.

Beste Zeit: Zu Beginn des Sommers – dann ist es schon warm, aber an der Küste noch nicht zu voll.

Dauer & Strecke: Ein Wochenende.

Ausrüstung: Flipflops & Badesachen.

Wenn es Nacht wird: Camping im Wald »Ośrodek Wypoczynkowy ZUT« in Łukęçin (Uzdrowiskowa); Camping Ostoja in Kolomać (www.domkiletniskowe-wypoczynek.pl; keine Kartenzahlung).

EINFACH ENTSPANNEN

... rund um die Lebuser Seenplatte

Im Westen von Polen hält die Lebuser Seenplatte so einiges an Aktivitäten und Attraktionen bereit: eine Kanutour auf der Bóbr, die ehemals größte Christusstatue der Welt und herrlich klare Seen.

#packdieBadeshoseein #PaddelPower #Wasserblick

Die Straße wird immer schmaler, je näher man dem Campingplatz kommt. Und plötzlich taucht eine wahnsinnig schmale Brücke über den Fluss Bóbr auf. Ihre Fahrbahn ist aus Holz und gerade rollt tatsächlich ein Auto darüber. Noch während man überlegt, ob sie wohl ein Wohnmobil aushält, macht sich Erleichterung breit: Ganz kurz vor der Brücke ist die Abzweigung in Richtung Stary Zagor, wo der Campingplatz liegt.

Um die Einfahrt des Platzes auf der rechten Seite nicht zu verpassen, bedarf es etwas Aufmerksamkeit, denn auf den ersten Blick könnte man sie auch für eine private Hofeinfahrt halten. Eine Informationstafel mit allem Wissenswerten zum Platz macht aber klar, dass man richtig ist. Man solle sich einen schönen Platz aussuchen – der Inhaber würde einen schon finden.

Gesagt, getan! Langsam rollt der Camper Richtung Wasser. Bis auf zwei Stellplätze ist noch alles frei. So kann man auf der Wiese ganz dicht am gemächlich vorbeifließenden Fluss parken. Es gibt auch eine Art offenen überdachten Aufenthaltsraum, in dem ein Kühlschrank, ein großer Tisch mit dazugehörigen Holzbänken sowie zwei Liegestühle stehen. Die Sanitäranlagen sind super modern und blitzsauber. Kurzum, ein Platz zum Wohlfühlen! Und wie oben beschrieben, kommt bald der Inhaber vorbei, um Hallo zu sagen und auch um die Bezahlung entgegenzunehmen. Diese ist hier ausschließlich in bar möglich.

Lange Straßen, herrliche Seen und auf dem Campingplatz Kajaki in Stary Zagor steht der Camper direkt an der Bóbr.

Die Bóbr ist der größte linksufrige Nebenfluss der Oder und erstreckt sich insgesamt über eine Länge von 272 Kilometern. Zum Baden lädt der Fluss an dieser Stelle allerdings eher nicht ein. Es gibt viele Wasserpflanzen und das Wasser ist nicht besonders klar. Dafür liegen am Flussufer zwei leuchtend grün-gelbe Kanus.

Der Campingplatz punktet nämlich nicht nur mit seiner ruhigen Lage direkt an der Bóbr, sondern auch damit, dass die Nutzung der Kanus für Campinggäste kostenfrei möglich ist. Und so dauert es nicht lang, bis eines der Kanus inspiziert und schließlich ins Wasser geschoben wird. Die Strömung ist an dieser Stelle sehr gering, was an der kleinen Staumauer liegt, die nur wenige Hundert Meter flussabwärts verläuft. Dementsprechend kommt man dort nicht weit. Flussaufwärts sieht das anders aus. In diese Richtung kann man quasi paddeln, bis die Arme abfallen. Und das ist bei herrlichem Wetter wirklich wundervoll.

Die weißen Schäfchenwolken spiegeln sich auf der glatten Wasseroberfläche, und wenn das rote Paddel ins Wasser eintaucht, hinterlässt es kreisförmig nach außen laufende kleine Wellen. So schiebt sich das Kanu Meter für Meter durchs Wasser und lässt das Ufer vorbeigleiten. Dieses ist mit grünem Gras und Büschen bewachsen und auch mitten im Fluss finden sich immer wieder kleine grüne Inseln oder auch Seerosen. Wenn sich der Tag allmählich dem Ende zuneigt, wird alles in ein

Im kleinen Restaurant Rema gibt es deftige Hausmannskost.

wunderbar warmes Licht getaucht, wodurch das Grün der Gräser noch intensiver leuchtet. Zeit, an Land zurückzukehren.

Mit der Anstrengung in den Armen ist es sehr angenehm, den Rest des Abends einfach faul im Campingstuhl verbringen zu können. Das gleichmäßige Plätschern des Flusses löst bald eine angenehme Müdigkeit aus. Sobald es richtig dunkel ist, wird das Plätschern von einem lauten Froschkonzert übertönt. Das Quaken klingt nach einem Wettstreit – ein Frosch verschafft sich lauter Gehör als der andere. Doch auch dieser Geräuschpegel kann die schweren Augen nicht davon abhalten, zuzufallen.

Die Nähe zum Wasser ist jedenfalls wunderbar. So wird am nächsten Morgen direkt nach dem Frühstück noch mal eines der Kanus zu Wasser gelassen und eine kleine Runde auf dem Wasser gedreht. Was für ein Start in den Tag!

Anschließend geht die Reise weiter. Die schmale Dorfstraße bringt einen nach Dabje, wo man dann auf die Landstraße 32 (DK32) fährt. Dieser folgt man eine ganze Weile geradeaus, wobei ab und an kleinere Ortschaften durchquert werden. Dazwischen führt der Weg entlang von Feldern und später durch große Waldgebiete. Schließlich passiert man die Ausläufer der Stadt Zielona Góra und wechselt dann auf die Schnellstraße S3. Nach einigen Kilometern überquert man auf dieser die Oder und erreicht bald das Ziel: die 22 000 Einwohner zählende Gemeinde Świebodzin (Schwiebus).

Schon von Weitem wird der Grund des Besuchs deutlich: Die riesige weiße Statue, die mit ausgestreckten Armen über die Landschaft blickt. Die Christus-König-Statue, die 2010 fertiggestellt wurde, war mit ihren 36 Metern einige Jahre lang die größte Jesusstatue der Welt. Sie überragt die berühmte Statue Cristo Redentor – »Christus der Erlöser« – in Rio de Janeiro um ganze sechs Meter. Im Jahr 2023 wurde der polnische Rekord jedoch abgelöst. Im südbrasilianischen Encantado wurde eine noch höhere Statue erbaut und eingeweiht. »Christus der Beschützer« überragt die Christusstatue in Świebodzin um anderthalb Meter und ist damit aktuell die höchste der Welt.

Aber egal, auf welchem Platz der »Weltrangliste« der Christusstatuen diese hier ist, beeindruckend ist sie allemal. Der Camper wird auf dem dazugehörigen Parkplatz abgestellt und es geht zu Fuß die kurze Strecke bis zur Statue. Vom Fuß des künstlich angelegten

Hügels, auf dem die sie steht, verläuft ein Weg schneckenförmig nach oben. Der Wind pustet. Das Standbild steht riesig und starr mit ausgebreiteten Armen da. Auf seinem Haupt sitzt eine goldene Krone, die allein schon 2 m hoch ist. Schaut man nach oben, wird einem ob der Größe fast schwindelig.

Der Weg endet zu Füßen der überdimensionalen Figur. Hier kann man auf einer Plattform einmal rundherum laufen, den Ausblick genießen und noch etwas staunen.

Gleich steht noch eine Runde Wandern an, aber vorher möchte der Magen gefüllt werden. Deswegen wird am Rema, einem kleinen polnischen Restaurant mit traditioneller Küche, eingekehrt. Gerade ist es gut besucht. Die Speisekarte ist mit Kreide auf eine große Tafel geschrieben. Das Lesen beziehungsweise das Verstehen dieser ist nicht ganz leicht, aber genau das macht auch den Reiz solcher traditioneller und wenig touristischer Restaurants aus. Ganz klar zu lesen ist, dass es *Piroggi*, die in Polen beliebten gefüllten Teigtaschen, in unterschiedlichen Varianten gibt. Die anderen Gerichte werden mithilfe einer Übersetzungs-App entschlüsselt. Es gibt verschiedenes Fleisch und als Beilage Kartoffeln und Rohkostsalat. Nachdem die Bestellung aufgegeben ist, steigt die Spannung, was nun tatsächlich auf dem Teller sein wird. Aber sobald das Essen gebracht wird, ist die Freude groß. Alles schaut sehr lecker aus und schmeckt auch so.

Derart gestärkt, wird die Fahrt Richtung Łagów fortgesetzt. Ziel ist der See Ciecz. Nachdem das Wohnmobil geparkt ist, folgt man dem Fußweg hinunter zum Wasser. Der Jezioro

Vom Camping Kajaki wird die Bóbr per kostenfrei zur Verfügung stehendem Kanu erkundet.

Ciecz ist mit seinen maximal 58,8 Metern der tiefste See der Lebuser Seenplatte. Das Ufer wird von Mischwald geprägt, der während der Wanderung entlang des Sees herrlichen Schatten spendet und immer wieder einen hübschen Rahmen für Ausblicke auf den See bietet. Das Wasser ist unheimlich klar und schimmert teilweise türkis im Sonnenschein.

Dann taucht ein Steg auf, der in den See hineinragt. Es ist still, auf dem Steg sitzen Angler und rundherum ist das bewaldete Ufer zu sehen. Diese Szene lässt einen unweigerlich an Schweden denken. Wie ähnlich sich Landschaften doch sein können.

Ein wenig weiter finden Aufmerksame auf einer Informationstafel eine interessante Anweisung, wie man sein Geschäft ordnungsgemäß im Wald verrichtet: Moos aufdecken, Geschäft rein, alles wieder mit Moos abdecken, fröhlicher Smiley. Info anwenden oder abspeichern. Amüsiert geht es schließlich noch etwas weiter am See entlang, um schließlich wieder den Rückweg zum Parkplatz anzutreten.

Die Fahrt zum heutigen Campingplatz führt noch einmal am Restaurant Rema vorbei und weiter auf der mit Bäumen gesäumten Strecke über Torzym bis schließlich der See Ostrowski (Jezioro Ostrowskie), an dem Camping Marina liegt, erreicht ist. Dieser Campingplatz ist deutlich größer als der letzte, aber dennoch herrlich ruhig, denn er liegt mitten in der Natur und abseits der Straße. Seinen Stellplatz sucht man sich selbst aus – schattige Parzelle oder doch lieber direkter Blick auf den See, aber weniger Schatten? Die Entscheidung fällt schwer.

Nachdem man seinen Platz schließlich gewählt hat, führt der nächste Gang fast unweigerlich zum Badesee hinunter. Der Sandstrand mit gemütlichen Liegestühlen lädt ein, die Sonne vor oder nach einer Schwimmrunde zu genießen. Am Ast eines Baumes hängt ein Seil, mit dem sich Kinder fröhlich quietschend ins Wasser schwingen. Nach dem erfrischenden Bad im See geht es kurz unter die Dusche. Im Anschluss klingt der Tag am Strand mit Blick über den See aus.

On the Road: Von der deutsch-polnischen Grenze auf der A2 südlich von Frankfurt (Oder) sind es 60 km bis Stary Zagor, dem ersten Stopp bei Camping Kajaki. Am nächsten Tag stehen etwa 135 km Fahrt mit verschiedenen Zwischenhalten bis zum nächsten Stopp Camping Marina auf dem Programm. An Tag 3 sind es noch etwa 30 km bis zum letzten gemütlichen Picknick vor der Heimreise.

Beste Zeit: Bei Badewetter.

Dauer & Strecke: Ein Wochenende. Kajakfahrten, Spaziergänge, Besichtigungen und Badestopps nach Lust und Laune.

Ausrüstung: Bargeld & Badesachen.

Wenn es Nacht wird: Camping Kajaki Stary Zagor – mit Kanu (nur Barzahlung); Camping Marina (www.camping-marina.pl).

Für Angelfreunde gibt es übrigens einen extra Angelteich, der meist ebenfalls gut besucht ist.

Nach dem Frühstück am nächsten Tag führt eine kleine Morgenrunde in den an den Campingplatz angrenzenden Wald. Dazu biegt man nach dem Verlassen des Platzes nach rechts ab und folgt dem Fußweg. Der Wald ist hier dicht und morgens unglaublich ruhig.

Camping Marina liegt an einem kleinen See mit eigenem Badestrand – ein schöner Ort für etwas Erholung.

Aber Vorsicht! Geht man zu lange geradeaus, landet man an der Grenze zu einem Truppenübungsplatz. Deswegen hält man sich besser rechts und grob am Ufer des Sees. So kommt man dann auch an einem großen Holzsteg schräg gegenüber des Campingplatzstrandes heraus. Mit etwas Glück und guten Augen kann man von hier auch das eigene Wohnmobil sehen.

Nachdem die Beine vertreten sind, beginnt der letzte Abschnitt der Tour. Dieser führt zurück nach Deutschland, doch bevor es auf die Autobahn 2 Richtung Grenze geht, wird noch an einem der typisch polnischen Picknickplätze haltgemacht.

Am nördlichen Zipfel des See Busko (Jezioro Busko) findet man einen idyllischen Waldparkplatz mit rustikalen Holztischen und Bänken sowie einem überdachten Picknickbereich. Im Camper werden Piroggi (Rezept S. 216) zubereitet. Dazu gibt es einen Krautsalat mit Roter Bete, außerdem saure Gurken, kleine Tomaten, Weintrauben und ein paar Krakauer dürfen natürlich auch nicht fehlen. Mit all den Leckereien und erfrischenden Getränken macht man es sich dann an einem der Tische gemütlich. Die Sonne lässt ihr Licht durch die Bäume blitzen, während die Vögel ein fröhliches Lied singen. So klingt die Zeit in Polen mit Schlemmerei und vergnüglichen Gesprächen aus.

FAZIT: KLARE SEEN, DICHTE WÄLDER UND IDYLLISCHE RUHE.

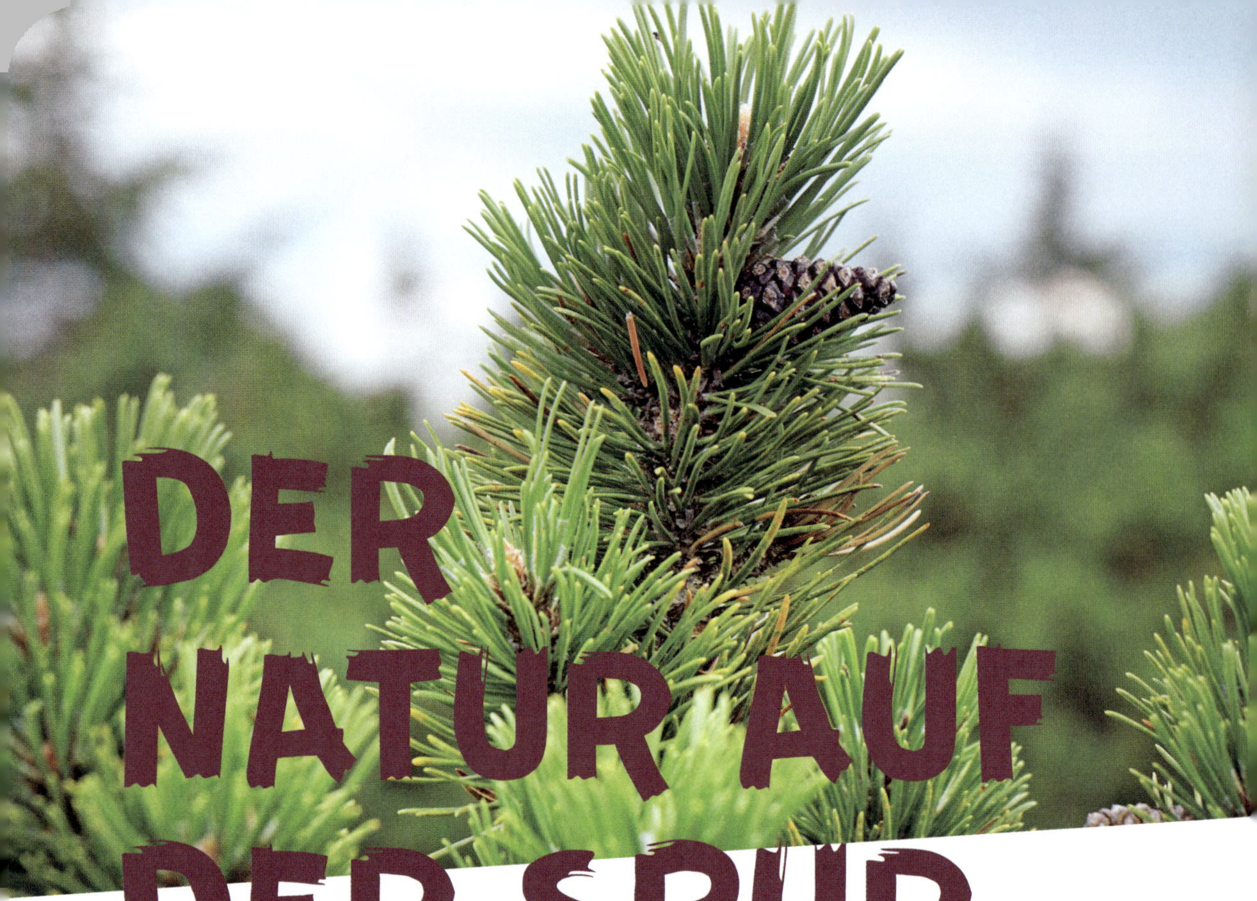

DER NATUR AUF DER SPUR

... in Niederschlesien

#10

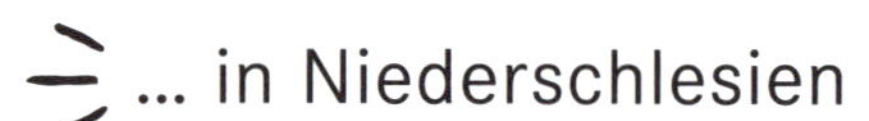

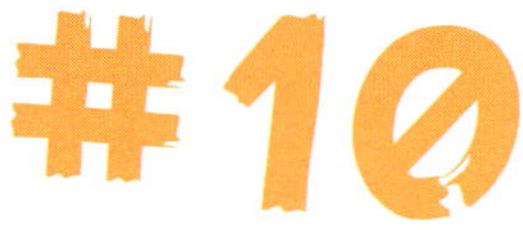

Autos, die bergauf rollen, faszinierende Wasserfälle, eine norwegische Kirche und bunte Seen – die Tour im polnischen Niederschlesien führt durch wilde Schönheit und sorgt für manche Überraschung.

#Riesengebirge #Gipfelstürmer #Schneekoppe

Die Stabkirche Wang stand ursprünglich in Norwegen.

Die Straße windet sich durch weitläufige Waldflächen. Der Camper rollt Hügel hinauf und gemütlich wieder hinunter. Der blaue Himmel ist mit weißen Schäfchenwolken dekoriert und in der Ferne bilden geschwungene Berge eine malerische Kulisse, die von der Schneekoppe mit ihren 1603 Metern gekrönt wird. Willkommen im polnischen Teil des Riesengebirges!

Erstes Ziel ist die niederschlesische Stadt Karpacz. Vom Parkplatz aus geht es Richtung Wilder Wasserfall. Nach nur wenigen Metern zu Fuß entlang der Straße fällt auf, dass ein Auto auf einer längeren leicht bergauf führenden Geraden stehen bleibt und dann langsam ohne Gas zu geben weiter die Steigung hinaufrollt. Wie ist das möglich? Hat da etwa Rübezahl, der aus vielen Sagen bekannte

Berggeist des Riesengebirges, seine Finger im Spiel!?

Laut Erklärungstafel handelt es sich hierbei um eine Gravitationsanomalie. Messungen zufolge soll die Schwerkraft hier um vier Prozent geringer sein als normal. Wodurch genau diese Anomalie hervorgerufen wird, lässt sich nur vermuten und auch Forscher sind sich nicht einig. Ursache könnten magnetische Gesteine unter der Erde sein oder einfach eine optische Täuschung. Aber egal, warum, faszinierend ist es auf jeden Fall, Fahrzeuge – tatsächlich oder scheinbar – bergauf rollen zu sehen.

Verblüfft läuft man weiter. Zunächst führt eine Brücke über die Lomnitz, deren steiniges Flussbett sich zwischen hohen Nadelbäumen hindurch Richtung Tal windet. Nur wenige Meter weiter stürzt der Wilde Wasserfall tosend in die Tiefe. Dieser wurde von 1910 bis 1915 künstlich angelegt, um die Lomnitz, die in der Vergangenheit verheerende Überschwemmungen verursacht hatte, zu kontrollieren. Weitere schlimme Hochwasser wurden so erfolgreich verhindert. Hier startet außerdem ein Wanderweg in Richtung Schneekoppe, welcher aber noch bis zum nächsten Tag warten muss.

Heute geht es zunächst den gleichen Weg zurück, dann am Parkplatz vorbei und den Berg hinauf zu einer ganz besonderen Kirche: der Stabkirche Wang. Die mittelalterliche Holzkirche stand ursprünglich im norwegischen Vang. Um dort Platz für eine neue größere Kirche zu schaffen, entschloss man sich, die alte zu verkaufen. So erwarb sie 1841 der preußische König Friedrich Wilhelm IV. für 427 Mark.

Von der Schneekoppe reicht der Blick weit über das Land (links). Der Purpurne See (rechts) ist diesmal eher orange.

Die gesamte Kirche wurde abgebaut, in Kisten verpackt und schließlich von 1842 bis 1844 im heutigen Karpacz wieder aufgebaut.

Die Holzkirche fügt sich perfekt in das Bild des sie umgebenden Riesengebirges ein – ganz so, als würde sie schon immer hier stehen. Einzig der große steinerne Glockenturm sticht aus dem Bergidyll markant hervor. Hinter der Kirche, wo auch der dazugehörige Bergfriedhof liegt, bietet sich ein fabelhafter Ausblick auf die Umgebung.

Anschließend kehrt man bergab wieder zum Parkplatz zurück und macht sich mit dem Wohnmobil auf zum nahe gelegenen Campingplatz Camp66. Achtung: Die Zufahrtsstraße zum Platz hat aufgrund einer Brücke eine Höhenbeschränkung von 3,5 Metern. Beim Betreten des Rezeptionsgebäudes fühlt man sich ein bisschen wie auf einer Berghütte, denn das ganze Gebäude ist aus Holz und direkt neben der Rezeption gibt es ein gemütliches Restaurant – natürlich auch in Hüttenoptik. Dazu ist der Platz umgeben vom herrlichen Bergpanorama. Schon jetzt ist die Vorfreude auf das Erwachen in dieser wunderschönen Umgebung riesig.

Bevor das Wohnmobil am nächsten Tag wieder nach Karpacz rollt, gönnt man sich zur Stärkung noch eine ordentliche Portion frisch zubereiteten Kaiserschmarrn im bereits beschriebenen campingplatzeigenen Lokal.

Der Ausgangspunkt der Wanderung zur Schneekoppe ist nur wenige Kilometer entfernt – nämlich dort, wo es am Tag zuvor schon auf Entdeckungstour ging. Sobald ein passender Parkplatz gefunden ist, wird der

Auf Höhe der Tafel, die die Gravitationsanomalie markiert, kann man warten, bis ein Autofahrer sich an den Selbstversuch wagt. Mitte und rechts: Auch Dank des Oberservatoriums ist der Gipfel der Schneekoppe nicht zu übersehen.

Wanderrucksack gepackt und die Wanderschuhe geschnürt. Erst einmal steuert man wieder in Richtung des Wilden Wasserfalls und vorbei an der Talstation des Sesselliftes, der zur Kopa – der kleinen Kuppe – fährt. Bis zur Kopa auf rund 1377 Metern Höhe sind es laut Beschilderung 3,7 Kilometer. Das erste Ziel ist allerdings die sogenannte Hampelbaude (Strzecha Akademicka). Durch den duftenden Nadelwald geht es stetig bergauf. Auf der rechten Seite rauscht die Lomnitz, während man weiter den Berg hinaufschnauft. Nach

einer Weile geben die Bäume den Blick frei auf die weite Umgebung und auf den Wald, durch den man eben noch gewandert ist. Schaut schon ganz schön hoch aus! Nach einigen weiteren Aussichten taucht schließlich die Hampelbaude auf, und damit ist es Zeit für eine ausgiebige Pause. Die Herberge, die auf einem baumlosen Bergrücken liegt, bietet nicht nur Übernachtungsmöglichkeiten, sondern auch Essen und kühle Getränke.

Frische Energie für den etwas breiteren gepflasterten Wanderweg in Richtung Dom Śląski Schronisko Górskie (Schlesierhaus) und Schneekoppe. Dieser führt weiter nach oben und die Bäume werden weniger. In der Ferne ist der Gipfel der Schneekoppe mit dem markanten runden Oberservatorium immer deutlicher zu erkennen. Zunächst gelangt man aber geradewegs zur letzten Baude auf dem Weg, dem gelben Schlesierhaus, das bereits über der Baumgrenze liegt. Hier ist einiges los, da sich verschiedene Wanderwege kreuzen. Das Ziel, der Gipfel der Schneekoppe, ist zum Greifen nah. Allerdings hat es das letzte Stück noch einmal in sich. Im Zickzack führt der gut gesicherte Wanderweg steil nach oben. Zwischendurch lädt die Aussicht immer wieder zu einer kleinen Verschnaufpause ein, bis man endlich ganz oben ankommt, vor dem meteorologischen Observatorium.

Neben der Beobachtungsstation und einer kleinen Kapelle fällt auf dem Gipfel ein großes quaderförmiges Gebäude auf. Dieses beherbergt ein Postamt – und zwar ein tschechisches –, denn hier oben treffen die beiden Länder Polen und Tschechien aufeinander. Die Grenze ist heutzutage dank eines zusammengewachsenen Europas nicht mehr

sichtbar und spürbar. So kann man sich in aller Ruhe umsehen und den Ausblick in alle Richtungen genießen. Bei klarem Himmel erstreckt sich die Aussicht kilometerweit über die Landschaft. Auf der tschechischen Seite fällt der Berg um einiges steiler ab, dafür fährt vom tschechischen Pec pod Sněžkou eine Gondelbahn bis ganz nach oben.

Nachdem das Panorama auf zahlreichen Fotos festgehalten wurde, folgt der Abstieg – vorbei am Schlesierhaus und an der nächsten Gabelung nach rechts in Richtung der Sesselliftstation Kopa. Der Lift lockt mit einer gemütlichen Fahrt ins Tal und einer fantastischen Aussicht. Aber ist es nicht auch schön, der Versuchung zu widerstehen und weiter dem Fußweg Richtung Karpacz zu folgen? Mit dem Ziel vor Augen und bergab läuft sich der letzte Teil dieser Wanderung fast wie von selbst und schließlich erreicht man geschafft, aber glücklich den Parkplatz.

Bald verschwindet das Riesengebirge auch schon im Rückspiegel und der Camper folgt der Route in Richtung der Kolorowe Jeziorke (Bunte Seen). Die knapp 40 Kilometer lange Strecke führt durch kleinere Ortschaften, vorbei an Feldern und kurvenreich durch zahlreiche Waldabschnitte. Auf dem letzten Stück ist die Straße sehr schmal, aber von hier ist es nicht mehr weit bis zum Parkplatz direkt am Eingang der Bunten Seen. Dieser Parkplatz hat auch einen Biwak-Bereich direkt am Wald, auf dem man übernachten darf. Wichtig zu wissen: Auf diesem Platz sollte man autark sein, denn es gibt weder Wasser noch Strom. Alternativ kann man eine weitere Nacht auf dem Camp66 verbringen und die Fahrt zu den Seen am Folgetag antreten.

Bevor es auf kleine Entdeckungstour an der Lomnitz geht, wird sich mit einer ordentlichen Portion Kaiserschmarrn im Restaurant des Camp66 gestärkt.

Da die Beine und Füße heute bereits ausreichend Bewegung hatten, klingt der Tag gemütlich und recht früh aus. Am nächsten Morgen siegt dann aber bald die Neugier und es geht zu Fuß durch das Eingangstor der Bunten Seen. In einem ehemaligen Mineralabbaugebiet liegen vier kleine Wasserflächen. Das Besondere daran: Jede hat eine andere Farbe. Schon nach wenigen Metern kann man von oben auf den ersten der Seen blicken. Dieser schimmert gelblich. Er füllt eine ehemalige Bergbaugrube, in der im 18. bis 19. Jahrhundert pyrithaltiger Schiefer abgebaut wurde.

Nur wenige Meter weiter liegt schon der zweite, deutlich größere See. Er entstand nach einer Überschwemmung im ältesten Bergwerk. Dieser ist etwas dunkler und heißt offiziell Lila See. Der Farbton kann allerdings, wie bei diesem Besuch, eher orange aussehen. Der See ist von einer hügeligen Felsenlandschaft umgeben, die aussieht wie einem Märchen entsprungen. Bis zum nächsten Gewässer, dem Blauen See, muss man etwas länger laufen. Über einen mit Wurzeln übersäten Weg geht es durch den Wald bergauf, bis endlich der blaugrüne See zwischen den Bäumen schimmert. Seine Farbe verdankt er Algen, die in dem klaren Wasser perfekte Bedingungen vorfinden. Je nach Wetterlage und Sonneneinstrahlung nimmt der See unterschiedliche Farbtöne an. Obwohl er nur 150 Meter lang und an der breitesten Stelle 50 Meter breit ist, ist er über 20 Meter tief. Bis zum vierten und letzten See ist es schließlich noch einmal ein etwas weiterer Fußmarsch. Hinzu kommt, dass der Grüne See sehr klein und häufig ausgetrocknet ist.

Nach der Wanderung durch diese vielfältige Landschaft ist auf dem Biwak-Bereich noch ausreichend Gelegenheit, in der Natur beisammenzusitzen, zu essen und die letzten Tage Revue passieren zu lassen, bevor es mit frischen Erinnerungen und Geschichten im Gepäck zurück nach Hause geht.

FAZIT: WER SICH VON DER NATUR VERZAUBERN LASSEN MÖCHTE, IST IN NIEDERSCHLESIEN GENAU RICHTIG.

On the Road: Von der deutsch-polnischen Grenze bei Görlitz sind es rund 95 km bis nach Karpacz. Das Camp66 liegt am nördlichen Ortsrand. Bis zu den Bunten Seen und dem Parking Kolorowe Jeziorka sind es knapp 40 km.

Beste Zeit: Ganzjährig möglich – wobei man im Winter Wanderschuhe gegen Skier tauschen kann. Den Sommer über ist es insbesondere auf der Schneekoppe sehr voll.

Dauer & Strecke: 2,5–3 Tage. Die rund 13 km lange Wanderung zur Schneekoppe und zurück kann man als Tagestour planen, da aufgrund der Steigung die ein oder andere Pause eingelegt werden sollte. Die Wanderung bei den Kolorowe Jeziorke ist insgesamt rund 5 km lang und dauert etwa 1,5 Std.

Ausrüstung: Wanderschuhe & Sonnencreme für eine gut geschützte Haut in den Bergen.

Wenn es Nacht wird: Campingplatz Camp66 (www.camp66.pl; Achtung: Höhenbeschränkung 3,5 m bei Zufahrt), Parking Kolorowe Jeziorka – Biwak-Bereich (www.parking-kolorowe-jeziorka.pl; keine Kartenzahlung).

TSCHECHIEN

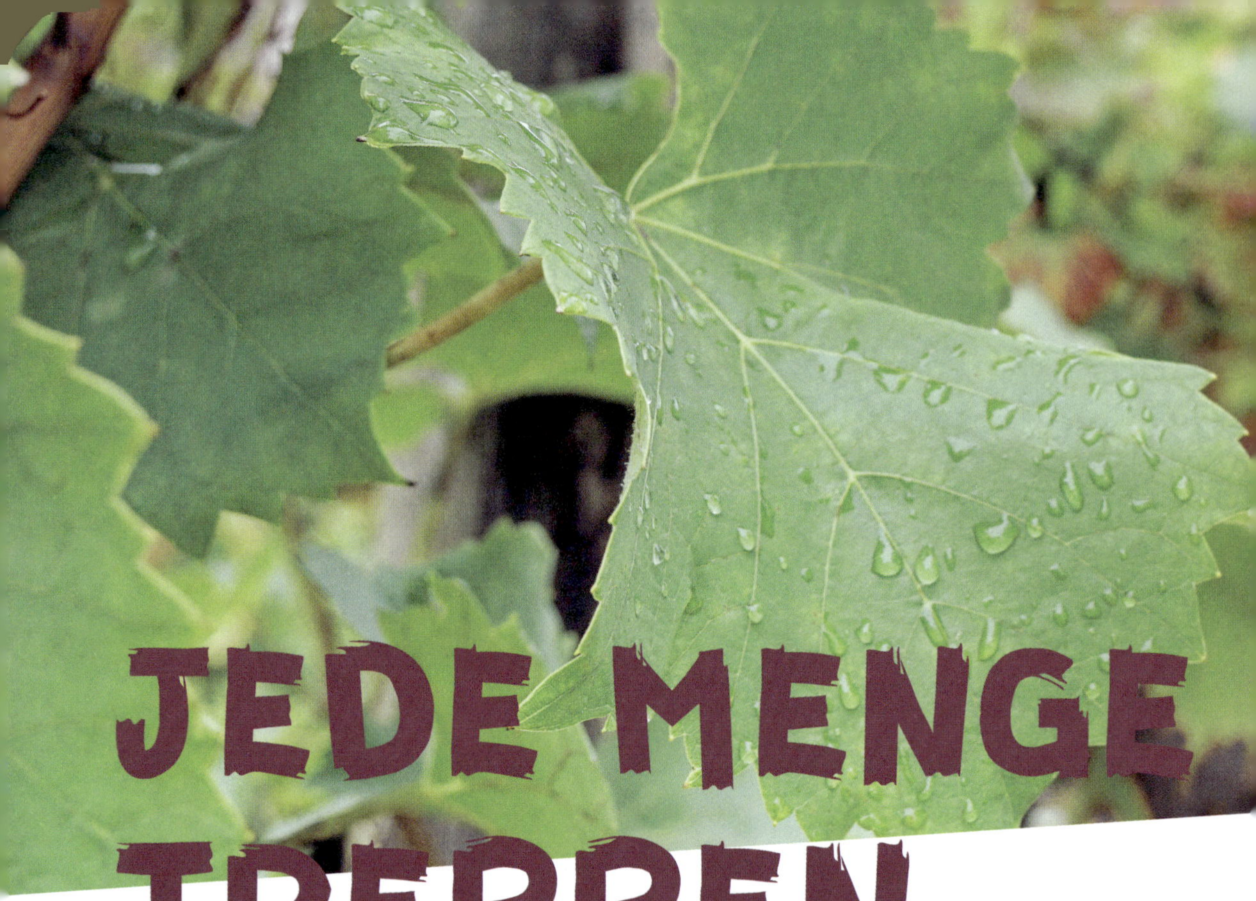

JEDE MENGE TREPPEN

… im Elbsandsteingebirge

#11

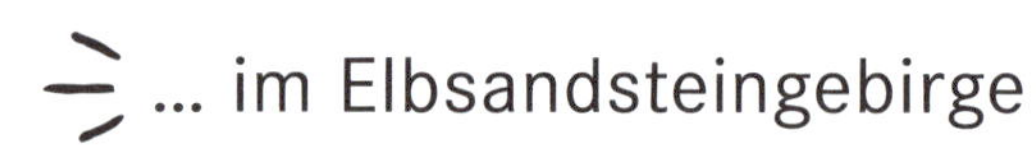

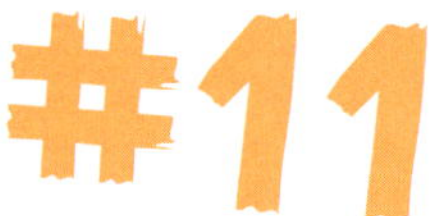

Auf dieser Tour geht es unzählige Treppenstufen hinauf und hinunter: zunächst beim Erkunden der Tyssaer Wände, dann in der idyllischen Stadt Děčín und schließlich beim Erklimmen von Aussichtspunkten, die hoch über den Wäldern und Felsen des Elbsandsteingebirges liegen.

#BöhmischeSchweiz #StairwaytoFitness #Waldeslust

Das Schloss in Děčín überrascht mit einem kleinen Weingarten. Der Aufstieg zum Marienfelsen ist schweißtreibend - die anschließende Aussicht dafür umso besser.

Vom Parkplatz im tschechischen Tissa überblickt man eine grüne Fläche mit Wiesen und Bäumen. Auf der gegenüberliegenden Seite blitzen meterhohe Felsformationen hervor: die Tyssaer Wände. Nachdem man die Straße überquert und eine kleine Treppe hinaufgestiegen ist, führt der Weg an einem Friedhof vorbei. Bald findet man sich zwischen stattlichen Bäumen wieder, und gewaltige Felsen ragen kerzengerade in die Höhe. Es stellt sich schnell heraus, dass das Gebiet größer ist als es auf den ersten Blick aussah, und dass es jede Menge Wege bereithält, die zu einer Entdeckungstour einladen.

Zunächst werden die Felsen auf der linken Seite erkundet. Auf schmalen Pfaden und in den Stein gehauenen Treppen geht es hinauf, bis man schließlich ein Plateau erreicht. Die Aussicht auf die gegenüberliegenden Felsen

und Tissa ist fantastisch. Doch der Entdeckerdrang ist groß, und so geht es wieder hinunter und zur anderen Seite, wo weitere spektakuläre Felsformationen warten. Unwillkürlich fragt man sich, wie die Natur es bloß geschafft hat, dieses Kunstwerk aus Sandstein zu erschaffen: Vor rund 100 Millionen Jahren begannen sich Sedimente auf dem Grund des Kreidemeeres abzulagern und bildeten nach und nach eine bis zu 600 Meter dicke Schicht, die sich irgendwann zu Sandstein verfestigte. Als das Wasser sich zurückzog, führten tektonische Prozesse und Erosion im Laufe unzähliger Jahrtausende zu den einzigartigen Formen, die die Felsen heute aufweisen.

Über Treppenstufen gelangt man zu einem weiteren Aussichtspunkt, von dem aus man auf die umliegenden Felsen und in tiefe Schluchten blickt. Es ist hier atemberaubend und jetzt, am späten Nachmittag, auch nicht zu überlaufen.

Nachdem man noch eine Weile durch das Felslabyrinth gewandert ist, kehrt man zurück zum Parkplatz und fährt zum nur wenige Kilometer entfernten Stellplatz in Schneeberg. Dieser ist einfach, aber sehr sauber und verfügt über eine Ver- und Entsorgungsstation sowie Stromanschlüsse. Nur ein WC sucht man leider vergebens, weswegen der Platz nur für Wohnmobile mit eigener Toilette geeignet ist.

Nach einer ruhigen Nacht wird am nächsten Morgen die Stellplatzgebühr am Parkautoma-

Um über das Elbsandsteingebirge zu blicken, müssen erst einige Stufen überwunden werden. Auf dem Stellplatz Schneeberg erholt man sich und die müden Beine. Nicht zu übersehen: die Touristeninformation von Děčín (rechts oben).

ten entrichtet. Wichtig zu wissen: Das funktioniert nur mit Bargeld! Mit dem bezahlten Ticket öffnet sich die Schranke, und es folgt eine Fahrt durch von Bäumen gesäumte Straßen nach Děčín (Tetschen).

Die Stadt schmiegt sich beidseitig an das Ufer der Elbe. Vom Parkplatz aus führt der Fußweg an der Straße unterhalb eines steil emporragenden Felsens, der Schäferwand, entlang und über die Tyrš-Brücke auf die gegenüberliegende Seite des Flusses. Ziel ist das beeindruckende Schloss (www.zamekdecin.cz/de), das zu den ältesten und berühmtesten Baudenkmälern Nordböhmens zählt. Im 20. Jahrhundert diente es größtenteils als Kaserne. Während der letzten Jahre kehrte aber seine einstige Schönheit zurück, und heute zieht es jede Menge Besucher:innen in seinen Bann.

Über die Dlouhá Jizda (Lange Fahrt), schreitet man förmlich dem Eingang des Prachtbaus entgegen. Links und rechts ist die Straße von einer Mauer mit Torbögen gesäumt. Diese Mauer wird zum Schloss hin immer niedriger, sodass der 292 Meter lange Gang noch länger wirkt. Im Vorhof stolzieren zwei Pfauen umher und beäugen neugierig, wer da so alles vorbeikommt.

Der Innenhof beherbergt ein kleines Café sowie grüne Inseln, die den großen Platz auflockern. Doch nun geht es hinunter in den terrassenförmigen Schlossgarten. Vor allem die kleinen Zwischenterrassen werden nur von

wenigen Besucher:innen entdeckt. Entlang eines Weingartens gelangt man zu einer Terrasse, von der man einen wunderbaren Blick auf die Stadt und die dahinterliegenden grünen Hügel hat. Unter einem schattigen Baum wartet eine Bank fernab des Trubels. Schließlich geht es an den hohen Felsen, auf denen das Schloss errichtet ist, hinunter zur Elbe. Hier eröffnet sich eine hervorragende Aussicht auf den Fluss und die Schäferwand am gegenüberliegenden Ufer.

Am Fluss befindet sich eine kleine Bühne, auf der heute ein Konzert stattfindet, das einige Zuschauer:innen angelockt hat. Die klare Stimme der Sängerin wird weit durch die Gassen getragen. Bereits auf dem Hinweg ist ein farbenfrohes Gebäude am Rande der Tyrš-Brücke ins Auge gefallen: die Touristeninformation. Hier gibt es nicht nur jede Menge Informationen und Angebote zur Stadt, sondern auch ein gemütliches Café, in dem man bei Kaffee und Kuchen eine willkommene Pause einlegen kann.

Als Nächstes geht es zur Schäferwand (www.idecin.cz/de/via-ferrata), die von Weitem sehr imposant aussieht. Frisch gestärkt kann man sich daranmachen, sie zu erklimmen und den Ausblick von oben über Děčín zu genießen! Nachdem die Bahnschienen überquert sind, hält man sich links. Nun führt der Weg erst einmal nur noch bergauf, zunächst über eine Straße, die schließlich in einen Wanderpfad mündet. Die Route nach oben ist durch rot-weiß-rote Wandermarkierungen gekennzeichnet. Bald geht der Weg in Treppenstufen über – sehr viele Treppenstufen. Nach jeder Ecke folgen weitere Stufen, bis man es endlich nach ganz oben geschafft hat. Hier offen-

Nahe des Děčíner Schlosses ist ein kleines Juwel barocker Architektur zu finden: Die Heilig-Kreuz-Kirche.

bart sich der Blick auf die Elbe, die Stadt und das Schloss, und man weiß: Die Anstrengung hat sich gelohnt!

Auf der anderen Seite der Schäferwand verläuft der Weg bergab zurück zum Parkplatz. Von dort aus wird die Reise mit dem Camper fortgesetzt. Ziel ist das Autokemp in Jetřichovice oder Dittersbach, wie es auf Deutsch heißt. Der Campingplatz ist von Wald umgeben und liegt an einem Bach, der ihn in einer Schleife umfließt. Ein idealer Ort, um eine erholsame Zeit zu verbringen. Neben einem großen Naturbadeteich gibt es auf dem Gelände zahlreiche Lagerfeuerstellen. Leider ist es an diesem Tag regnerisch, sodass der gemütliche Abend am Feuer ausfallen muss. Aber auch im Wohnmobil ist es mit dem sanften Rauschen des Baches im Hintergrund sehr heimelig.

Am nächsten Tag wird bei nun besserem Wetter die Umgebung erkundet. Zunächst geht es in die nahe gelegene Ortschaft. In Jetřichovice fallen schwarz-weiße Umgebindehäuser ins Auge. Charakteristisch für diese Art der Architektur ist ein bogenförmiges Stützsystem, das die oberen Teile des Hauses abstützt. Die besondere Form und die auffällige Farbgebung bilden einen wundervollen Kontrast zur wilden Natur.

On the Road: Von der tschechisch-deutschen Grenze über die A17 kommend, sind es rund 17 km bis zu den Tyssaer Wänden und von dort noch 6 km bis zum Stellplatz in Schneeberg. Děčín (Tetschen) befindet sich 14 km entfernt und das Autokemp in Jetřichovice weitere 20 km.

Beste Zeit: Im Frühling oder Frühsommer, wenn es noch nicht zu heiß ist, und im Herbst, wenn die Wälder in ein buntes Farbenmeer getaucht werden.

Dauer & Strecke: Ein Wochenende. Zum Erkunden der Tyssaer Wände kann man 1 bis 2 Std. einplanen. In Děčín verbringt man mit Pause rund 2,5 Std. Die Wanderung rund um Jetřichovice (Dittersbach) ist rund 6 km lang und dauert 2,5 Std.

Ausrüstung: Bargeld zur Zahlung am Stellplatz in Schneeberg, festes Schuhwerk.

Wenn es Nacht wird: Stellplatz Schneeberg (www.stpl-sneznik.cz/de; keine Kartenzahlung), Autokemp Jetřichovice (www.kempjetrichovice.cz).

Nächstes Ziel der Wanderung ist der Marienfels (Mariina skála). Der Weg verläuft durch den Wald und entlang hoher Felswände. Im Jahr 2006 brach hier ein größerer Waldbrand aus. Bemerkenswert an diesem Waldabschnitt ist, dass er den natürlichen Prozessen überlassen wurde und wird. Nach dem Brand erfolgte dementsprechend kein menschlicher Eingriff. Stattdessen sieht man, wie sich der Wald selbst regeneriert, junge Bäume nachwachsen und Totholz als Lebensraum dient.

Während es auf dem ersten Abschnitt durch den Wald nur langsam bergauf geht, wandelt sich der Wanderpfad bald in eine schier unendliche Treppe, die sich immer weiter nach oben schlängelt. Nach kurzer Zeit entdeckt man die Aussichts- und Unterstandshütte

Die Region ist geprägt von beeindruckenden Felsformationen und den charakteristischen Umgebindehäusern.
Rechts: Von der Schäferwand hat man einen wunderbaren Blick über Děčín.

hoch oben auf dem Felsberg. Doch bis dahin ist noch ordentlich Höhe zu überwinden. Also nicht schlappmachen, sondern weiter, immer weiter! Ganz kurz vorm Ziel führen erst Holz- und schließlich Metalltreppen bis ganz oben zum Aussichtspunkt. Bereits 1856 wurde dort die erste Hütte errichtet. Der Blick schweift kilometerweit über Wald, Hügel und Felsformationen. Anscheinend ist der Marienfels aber nicht nur ein beliebter Aussichtspunkt, sondern überdies ein Glücksort: Auf den Felsen, auf denen die Hütte steht, liegen einige Münzen verstreut – fast wie auf dem Grund eines Glück verheißenden Brunnens.

Nachdem man die Aussicht genossen hat, geht es die Stufen wieder hinab. Überraschend schnell ist man zurück im Ort. So bleibt ausreichend Zeit für einen Abstecher zur Felsenburg Falkenstein (Falkenštejn skalni Hradek). Die Festung stammt aus dem 13. Jahrhundert und wurde – wie der Name bereits vermuten lässt – im Fels errichtet. Heute sind nur noch wenige Räume erhalten. Dafür ist die Burg dank einer neuen Treppenkonstruktion sicher begehbar. Für die heißt es also erneut Treppensteigen.

Mit etwas Pudding in den Beinen geht es zurück zum Autokemp und von dort durch die märchenhafte Landschaft der Böhmischen Schweiz schließlich Richtung Heimat.

FAZIT: ES WARTEN GRANDIOSE AUSSICHTEN – BEINTRAINING INKLUSIVE.

NATUR UND GESCHICHTE

#12

Die Tour startet im Naturschutzgebiet Soos, führt durch den Kaiserwald nach Loket und bis zum Hans-Heiling-Felsen. Zwischendurch wird das Stand-up-Paddelboard geschnappt, im See geschwommen und ein Abstecher unter die Erde gemacht.

#entlangderEger #imEinklangmitderNatur #Glückauf

Der Egergraben, eines der geologisch aktivsten Gebiete Mitteleuropas, ist unter anderem geprägt durch zahlreiche Kohlenstoffdioxid-Austritte. Diese sind ein wichtiges Zeugnis dafür, dass die magmatische Aktivität des Grabens noch nicht beendet ist. Besonders eindrucksvoll ist das Naturreservat Soos nur wenige Kilometer hinter der deutsch-tschechischen Grenze. Es gewährt einen einmaligen Einblick in das Innenleben der Erde, wurde 1964 zum Naturschutzgebiet erklärt und ist über einen etwa zwei Kilometer langen Lehrpfad zugänglich. Auf diesem Weg mit vielen Schautafeln lernt man jede Menge über die Landschaft mit ihren Feuchtgebieten, Torfmooren, Salzwiesen und Röhrichten.

Über einen Holzsteg geht es stets trockenen Fußes durch ein wunderbar abwechslungsreiches Gebiet. In der Luft liegt der Geruch von Gasen, die aus circa 40 Kilometern Tiefe entweichen. Das Kohlenstoffdioxid tritt über Quellen und zahlreiche Mofetten aus. Je nach Wetterlage erzeugen Letztere zwei unterschiedliche Effekte: Ist es feucht, blubbern die aufsteigenden Gase durch das Oberflächenwasser nach oben, und es sieht ein bisschen so aus, als würde das Wasser kochen. Bei Trockenheit steigen die Gase direkt nach oben und verursachen dabei ein zischendes Geräusch. Um die Mofetten herum sammeln sich Glaubersalze, die je nach Zusammensetzung unterschiedlich gefärbt sind.

Neben großflächigen Feuchtgebieten wie Torfmooren und Torfwäldern gibt es hier auch Salzwiesen. In einem Moment läuft man noch durch üppiges Grün, und schon taucht hinter der nächsten Kurve eine von Salz weiß gefärbte wenig bewachsene Oberfläche auf. Die

Auf den Spuren von Mineralquellen, Mooren und Salzsümpfen im Naturreservat Soos. Oben: Das Autokemp Baldi hat einen eigenen Seezugang.

hohe Salzkonzentration im Boden, die für eine einzigartige Flora sorgt, verdankt das Gebiet den Mineralquellen.

Zum Ende des Rundwegs kann man gar nicht anders, als dem Quaken der Frösche zu folgen und an einem kleinen See eine Rast mit Fotopause einzulegen. Je länger man schaut und beobachtet, desto mehr Frösche und Libellen zeigen sich.

Vor 100 Jahren sah es vor Ort übrigens noch ganz anders aus: Für Kuranwendungen wurde in dem Gebiet Torf abgebaut und für industrielle Zwecke der vielseitige Rohstoff Kieselgur gewonnen. Weite Teile der Gegend waren baumlos. Nach Ende des Bergbaus kehrte die Natur langsam wieder in die geschädigten Gebiete zurück. Die Gruben füllten sich mit Wasser, wodurch neue Feuchtgebiete entstanden. So erholte sich die Natur nach und nach und fand wieder zu ihrer heutigen Pracht.

Am Ende der informativen Wanderung erwarten einen noch zwei kleine Museen. Das erste hält einen Überblick über die hiesige Tierwelt bereit. Im zweiten empfängt einen ein riesiger Dinosaurier mit geschätzten 200 spitzen Zähnen.

Anschließend geht es Richtung Stausee Jesenice, einer der saubersten Seen Tschechiens. Am Südufer befindet sich das Autokemp Baldi, ein kleiner, rustikaler, aber gemütlicher Campingplatz. Wer einen Platz auf der großen Wiese ausgesucht und das Fahrzeug abgestellt hat, holt das Stand-up-Paddelboard heraus und dreht eine Runde auf dem See, um den Tag ausklingen zu lassen. Hat man kein eigenes SUP, leiht man sich eins an der Rezeption aus.

Der nächste Tag startet mit einem Frühstück samt Blick auf den See. Nachdem das Wohnmobil gepackt ist, führt die Route über die Autobahn D6 und auf der Landstraße 210 weiter ins Landesinnere. Die Umgebung wird immer grüner, und bald rollt der Camper durch die ausgedehnten Waldgebiete des Slavkoovský les (Kaiserwald). Diese Gegend war einst ein ertragreiches Bergbaugebiet, und so ist der nächste Stopp das Důl Jeroným (www.omks.cz), ein ehemaliges Zinnbergwerk.

Mit einem Helm auf dem Kopf und einer Grubenlampe in der Hand, geht es über teils schmale und niedrige Gänge in die Tiefe. Schnell wird klar, warum der Kopfschutz hier unten nötig ist: Immer wieder ertönt ein lautes »Dong«, wenn jemand mit seinem Helm gegen die Decke stößt. Festes Schuhwerk ist ebenfalls vorgeschrieben, zudem sollte man definitiv eine Jacke dabeihaben, da die Temperatur im Bergwerk konstant bei circa acht Grad Celsius liegt. Die Abstiege sind stellenweise steil und die Wege matschig, denn das Bergwerk ist ein nationales Kulturdenkmal und wurde so weit wie möglich im ursprünglichen Zustand belassen. Daher ist der Rundgang nur etwas für körperlich fitte Leute, aber dafür ist er auch umso spannender.

Während man weiter in das Bergwerk vordringt, bekommt man einen kleinen Eindruck davon, wie es gewesen sein muss, dort unten zu arbeiten. In vielen Räumen sind die Decken schwarz gefärbt von Ruß, weil das Zinn mithilfe des sogenannten Feuersetzens gewonnen wurde. Dabei wurde das Gestein durch Feuer zunächst auf eine möglichst hohe Temperatur erhitzt und dann schnell mit Wasser abgekühlt. So entstanden Risse im Gestein, das

Die Altstadt von Loket lädt zum Schlendern ein und für kulinarische Genüsse sorgt die kleine Brauerei des Ortes. Am Hans-Heiling-Felsen warten bunte Kanus auf die Weiterfahrt.

sich nun leichter mit der Spitzhacke abschlagen ließ.

»Hier entlang«, ruft die engagierte Führerin, und es geht durch einen Gang zur nächsten Kammer. Nach einer Weile wird die Umgebung wieder vertrauter. Hier ist man zu Beginn der Rundtour schon entlanggekommen, und da vorne blitzt Licht herein! Der Eingang zur Grube ist erreicht. Alle legen noch einmal einen Schritt zu und begrüßen zurück an der frischen Luft freudig die warmen Sonnen-

strahlen. Auf dem Weg zum Camper kann man gar nicht anders, als sich ausgiebig zu recken und zu strecken. Bevor es weitergeht, wird erst einmal der Gasherd angeschmissen. Ein belebender, frisch gekochter Kaffee ist jetzt genau das Richtige.

Mit neuer Energie fährt man durch die wunderschöne Landschaft des Kaiserwaldes Richtung Loket. Mal dominieren weite Felder und Wiesen, mal ist man von tiefgrünem Wald umgeben. In Horni Slavkov geht es durch den Bogen eines Viadukts, und nach ein paar weiteren Kilometern erreicht man schließlich die kleine Stadt Loket, die in einer Biegung der Eger eingebettet ist. Schon von Weitem fällt die Burg und somit das Wahrzeichen des Ortes ins Auge. Kleinere Wohnmobile können gut auf dem Parkplatz P2 parken, größere nehmen am besten den etwas geräumigeren Parkplatz P4. Zu Fuß wird die Brücke mit Blick auf die eindrucksvolle Burg überquert. Nun meldet sich aber erst einmal der Magen zu Wort und fordert eine stärkende Pause. Da kommt das gelb leuchtende Gebäude der St.-Florian-Brauerei (hotel-loket.cz/de/brauerei-svaty-florian) am Ende der Brücke genau recht. Im Biergarten spenden Sonnenschirme angenehmen Schatten. Neben dem selbst gebrauten halbschwarzen Bier gibt es auch erfrischende Limonade vom Fass. Ganz traditionell lässt sich hier Schinken mit Knödeln und Kraut essen. Sehr lecker ist zudem der Blattsalat mit Roter Bete und Ziegenkäse.

Gut gesättigt steht jetzt die genauere Erkundung Lokets auf dem Programm. Die Brücke, über die es vorhin so hungrig ging, ist übrigens ein perfekter Spot, um die romanisch-gotische Festung, die stolz auf einem

Natur, wohin das Auge blickt: Die Eger nahe dem Hans-Heiling-Felsen, eine Quelle im Naturreservat Soos, und auch auf dem BeachCamp steht man im Grünen.

Felsen sitzt, in voller Pracht auf ein Foto zu bekommen.

Beim anschließenden Schlendern durch die gut erhaltene historische Altstadt verwundert es nicht, dass diese komplett unter Denkmalschutz steht. Auf dem Marktplatz bestimmen kleine, bunte, eng aneinanderstehende Häuser sowie das Rathaus aus dem 17. Jahrhundert das Bild.

Der Weg zurück führt wieder über die Brücke. Aber es wäre schade, weiterzufahren, ohne noch etwas am Wasser entlangzuspazieren. Deswegen nimmt man am Ende der Brücke am besten die Treppen hinunter zum Fluss. Hier erhält man eine andere Perspektive auf die Burg und folgt dem Flusslauf rund um das Amphitheater von Loket. Das Rauschen der Eger begleitet einen so bis zum Parkplatz.

Nächster Stopp ist das BeachCamp Nová Role, ein kleiner Campingplatz am See. Auch dort steht man nur wenige Meter vom Strand entfernt. Etwas Energie ist noch übrig, deswegen klingt der Tag mit einer Sporteinheit auf der Outdoor-Fitnessanlage aus.

Am nächsten Morgen genießt man Zeit am Strand des Sees und fängt ein paar Sonnenstrahlen ein. Gut erholt bietet sich noch ein Abstecher zum Hans-Heiling-Felsen an der Eger an. Dazu fährt man elf Kilometer bis nach Karlsbad (Karlovy Vary). In einem Ortsteil liegt ein Wanderparkplatz, der ein idealer Ausgangspunkt für den Ausflug ist. Nachdem man den Camper abgestellt hat, geht es mit einem Picknick im Gepäck zu Fuß weiter. Der Weg führt über eine schmale, asphaltierte Straße, die für den motorisierten Verkehr gesperrt ist, und entlang der malerischen Eger.

Vögel singen um die Wette, und langsam gleitet ein Kanu flussabwärts. Viele Bäume sorgen für eine größtenteils angenehm schattige Strecke.

Hinter einer Flussbiegung taucht nach circa drei Kilometern die berühmte Felsformation auf. Im Laufe der Zeit hat die Eger sich ein tiefes Tal gegraben. Der Fluss schuf auf diese Weise hohe Granitwände, die sich durch Wettereinflüsse zu hohen Felsenpfeilern bildeten. Schon Johann Wolfgang von Goethe ließ sich von diesem Naturphänomen inspirieren, das 2007 zum Nationalen Naturdenkmal ernannt wurde.

Vor Ort befindet sich ein Ausflugslokal, weswegen es kein Wunder ist, dass am Ufer ein Kanu neben dem anderen liegt und darauf wartet, dass seine Besatzung zurückkommt und die Reise weitergeht. Im Restaurant Jan Svatos (restaurace-jan-svatos.cz) kann man zwar mit Blick auf die alte Hängebrücke, die Eger und die beeindruckenden Felsen eine Kleinigkeit essen, aber noch schöner ist es, einen gemütlichen Ort für ein Picknick zu suchen und es sich direkt an der Eger schmecken zu lassen. Leider ist die besagte alte Hängebrücke aktuell gesperrt. Geht man aber etwas weiter, gelangt man zur neuen Hängebrücke, die zwar weniger eindrucksvoll aussieht, aber dafür einen sicheren Weg auf die andere Flussseite garantiert.

Allmählich sollte man den Rückweg antreten. An der Eger liegen wieder neue Kanus.

Vom Camper direkt auf den See: Hat man kein eigenes SUP dabei, kann man sich eins am Autokemp Baldi leihen.

Eine Gruppe ist gerade gestartet und gleitet gemächlich flussabwärts. Auch mit zügigem Schritt ist sie natürlich nicht einzuholen und verschwindet bald hinter der nächsten Flussbiegung.

FAZIT: ES GEHT DURCH WÄLDER, AUF'S WASSER UND SOGAR UNTER DIE ERDE. LANGEWEILE AUSGESCHLOSSEN!

On the Road: Das Naturreservat Soos ist ca. 22 km entfernt von der deutsch-tschechischen Grenze bei Asch. Nächster Stopp ist das 22 km entfernte Autokemp Baldi. Am darauffolgenden Tag geht es zum Důl Jeroným (31 km), nach Loket (19 km) und zum BeachCamp Nová Role (12 km). Die Strecke zum Wanderparkplatz in Karlsbad am dritten Tag beträgt 11 km.

Beste Zeit: Im Sommer, wenn man die Seen voll auskosten kann.

Dauer & Strecke: Ein Wochenende. Für die Erkundung des Naturreservats Soos benötigt man ca. 1,5 Std. (2-km-Rundweg und Museen) und für die Tour durch das Bergwerk 1 Std. Für Loket sollte man etwa 2 Std. einplanen. Die Wanderung zum Hans-Heiling-Felsen und zurück hat eine Länge von 7 km und dauert 2 Std.

Ausrüstung: SUP & Bargeld, denn Kartenzahlung ist oftmals nicht möglich, das gilt z. B. für die Campingplätze.

Wenn es Nacht wird: Autokemp Baldi am Stausee Jesenice (www.baldi.cz/de; keine Kartenzahlung), BeachCamp Nová Role (beachcamp.cz/cs; keine Kartenzahlung).

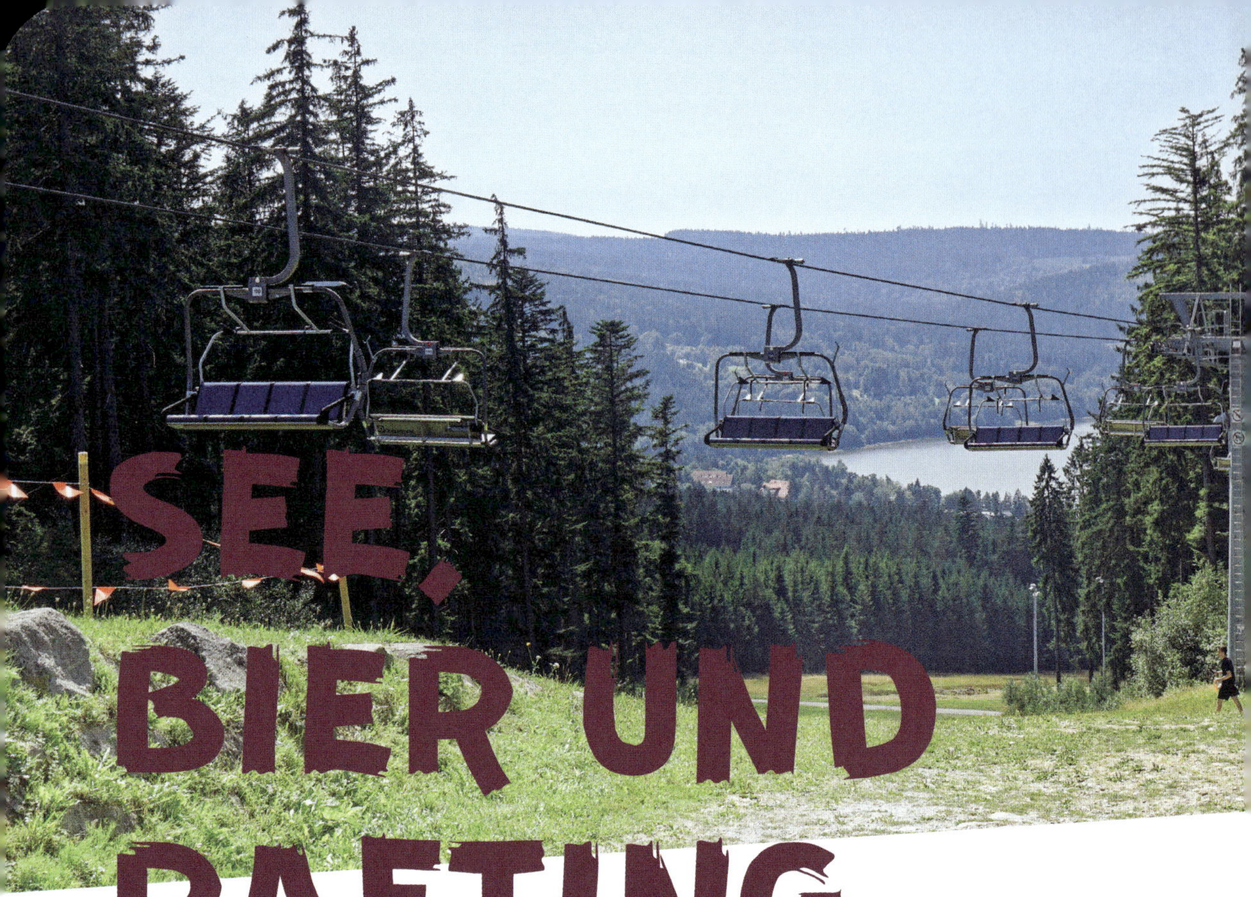

SEE, BIER UND RAFTING

... in Südböhmen

#13

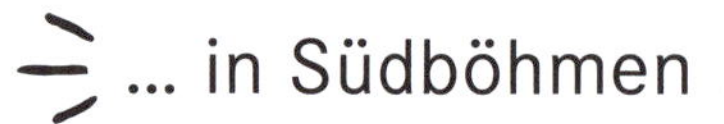

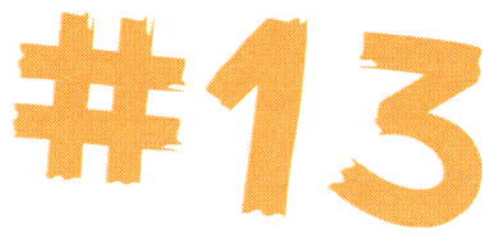

Auf dem Baumwipfelpfad Lipno blickt man über den Böhmerwald und den Stausee Lipno, in den man später noch eintauchen wird. In Budweis geht es über den eindrucksvollen Hauptplatz und in die bekannte Brauerei. Zum Abschluss wartet ein wilder Raftingkanal.

#nazdrowie #Kulturgut #wildesWasser #PlatzzumZuschauen

Der Sessellift fährt sehr gemütlich nach oben zum Baumwipfelpfad in Lippen.

Der Camper rollt an einem großen von Bäumen umgebenen See entlang. Dann führt die Route durch eine Ortschaft, und auf einem großen Parkplatz wird schließlich gehalten. Ein Rundumblick zeigt einige Gebäude, eine Sesselliftstation, einen Hochseilgarten und einen Wald, aus dem ein runder Turm hervorblitzt. Zu genau diesem Turm, der zum Baumwipfelpfad am Lipno-Stausee gehört, geht es nun zu Fuß weiter.

Mit dem Turm als Orientierungspunkt wandert man vom zentralen Parkplatz in Lipno nad Vltavou (Lippen) nach oben. Der rund einen Kilometer lange Wanderweg verläuft durch den Wald. Immer wieder erhascht man einen Blick auf den Lift, dessen Sessel ganz gemächlich die Erhöhung hinaufschweben.

Oben angekommen, dominiert der 40 Meter hohe Aussichtsturm das Bild. Eintrittskarten

Bei einer Führung durch die Budweiser Brauerei kann man die Qualität des Bieres persönlich testen. Rechts: Der Samsonbrunnen in Budweis diente einst als Teil der Wasserversorgung der Stadt.

zum Baumwipfelpfad (www.stezkakoruna-mistromu.cz/de) können an Automaten beim Eingang gekauft werden. Dann geht es auch schon aufwärts über einen Holzsteg mitten in die Bäume hinein.

Unterwegs sind verschiedene kleine Parcours eingerichtet, auf denen man über Balken oder wackelige Brücken balanciert – nach unten ist das Ganze natürlich gut gesichert.

Herzstück des Pfades ist aber der neuneckige Turm, der schon im Tal die Aufmerksamkeit auf sich gezogen hat. Runde um Runde steigt man nach oben, und schließlich ist man nicht mehr IN, sondern ÜBER den Bäumen. Von hier oben überblickt man das weite Grün des Böhmerwaldes und bekommt auch einen ersten Eindruck von der Größe des Lipno-Stausees, der flächenmäßig der größte See der Tschechischen Republik ist und unter anderem der Hochwasserregulierung der Moldau dient.

Vom Turm hinunter geht es dann ganz schnell: In nur zehn Sekunden saust man die 52 Meter lange innen liegende Rutsche nach unten. Wer viel Gepäck hat oder schlicht nicht rutschen mag, kann natürlich auch zu Fuß runterlaufen. Anschließend geht es wieder zum Parkplatz und von dort mit dem Camper weiter am Stausee entlang bis zum Autocamp Jenišov in Horní Planá.

Der Campingplatz liegt direkt am Lipno-Stausee. Die großen Wiesenflächen sind nicht parzelliert, sodass man sich selbst aussuchen kann, wo und wie man sein Fahrzeug abstellen

möchte. Schließlich ist ein angenehmer Platz mit Blick auf den See gefunden. Zeit, die Umgebung zu erkunden! Der Platz verfügt über einen kleinen Sandstrand, also braucht man sich an heißen Tagen keine Sorgen um eine erfrischende Abkühlung machen. Außerdem können Tretboote und Stand-up-Paddelboards ausgeliehen werden.

Nächstes Ziel ist aber der knapp drei Kilometer entfernte Strand von Horní Planá, der als einer der schönsten des ganzen Sees gilt. Und tatsächlich findet man nach dem Fußmarsch dorthin einen recht großen Sandstrand inklusive einer kleinen Beachbar vor. Kinder bauen gerade fleißig Sandburgen. Ein schöner Ort, um den Tag Revue passieren zu lassen und später gemütlich zum Campingplatz zurückzuspazieren.

Am nächsten Morgen strahlt die Sonne und wärmt schon am Vormittag die Umgebung. Beste Voraussetzungen, um die Badesachen anzuziehen und noch vor dem Frühstück eine Runde im kühlen See zu schwimmen. Nach dem Check-out vom Campingplatz geht die Fahrt in Richtung Budweis weiter.

So verschwindet der Lipno-Stausee bald im Rückspiegel. Nach einigen Kilometern durch die Hügel Südböhmens passiert man den Ortseingang von Krumau an der Moldau. Auf der rechten Seite zieht das Schloss vorbei, dann fährt man ein Stück an der Moldau entlang und lässt den Ort schließlich wieder hinter sich.

Es folgen weitere Kilometer durch die südböhmische Landschaft, vorbei an einigen

kleineren Seen, bis man in das städtische Gewimmel von Budweis eintaucht. Dies ist der Verwaltungssitz der südböhmischen Region und gleichzeitig deren größte Stadt. Der angesteuerte Parkplatz ist heute schon voll belegt, aber es wurde eine zusätzliche Parkfläche geschaffen, auf der noch mehr Fahrzeuge abgestellt werden können. Hier wartet der Camper, während man die Stadt zu Fuß erkundet.

Erstes Ziel ist das Besucherzentrum der berühmten Budweiser-Brauerei (www.budejovickybudvar.cz/de; online findet man auch Informationen zu Führungen). Zunächst führt der Weg auf der Vltava-Brücke über die Moldau, wobei Vltava der tschechische Name der Moldau ist. Das längste Stück des Weges verläuft entlang der zugegeben wenig reizvollen, viel befahrenen Prazska-Straße. Nach gut 30 Minuten steht man vor einem großen Gebäude mit spiegelnd blauen Fenstern, auf dessen Dach der Schriftzug »Budweiser« prangt. Das Gebäude sieht nicht so aus, wie man sich eine Brauerei typischerweise vorstellt. Wäre der prägnante rote Schriftzug nicht angebracht, könnte man es eher für ein modernes Hotel halten.

Da bis zur nachmittäglichen Brauereiführung noch reichlich Zeit ist, geht es geradewegs ins dazugehörige Restaurant. Auch hier ist von den Stühlen bis zur Beleuchtung alles sehr modern, aber gemütlich gehalten. Beim Blick in die Karte wird es dann doch traditionell: Rindergulasch, Schweinesteak, Schnitzel und natürlich verschiedene Sorten Budweiser stehen zur Wahl. Lecker und etwas leichter ist die

Am Rande des Kemp České Vrbné geht es wild zu (links). Auf dem Autocamp Jenišov am Lipno-Stausee ist es dafür umso ruhiger (Mitte).

gegrillte Hühnerbrust mit einer hausgemachten Limonade als Durststiller.

Frisch gestärkt führt der Weg ins Besucherzentrum der Brauerei, wo die Führungen starten. Fast fühlt man sich wie in einer Hotellobby, aber dann beginnt pünktlich die Führung, und man kann sich davon überzeugen, dass sich in diesen Räumlichkeiten tatsächlich eine traditionelle Brauerei verbirgt. Während des Rundgangs erfährt man einiges zur Geschichte der Brauerei. Budweiser ist kein Privatunternehmen, sondern nach wie vor im Besitz der Tschechischen Republik.

Übrigens darf man das tschechische Budweiser keinesfalls mit dem amerikanischen Bier gleichen Namens verwechseln. Aufgrund von Namensstreitigkeiten wird das tschechische

Zwei Perspektiven: Der Lipno-Stausee am Autocamp Jenišov und von oben eingefangen vom Baumwipfelpfad in Lippen.

On the Road: Von der Grenze bei Wegscheid an der B388 sind es über Österreich rund 55 km bis zum Baumwipfelpfad Lipno. Anschließend geht es zum 26 km entfernten Autocamp Jenišov in Horní Planá. Am zweiten Tag fährt man ins 50 km entfernte Budweis und weitere 6 km zum Kemp České Vrbné.

Beste Zeit: Frühling bis Herbst.

Dauer & Strecke: Ein Wochenende. Den Baumwipfelpfad Lipno erreicht man nach 1 km Fußmarsch. Hier verbringt man etwa 1 Std. Für die 6 km zum Strand von Horní Planá und wieder zurück zum Autocamp Jenišov braucht man 2,5 Std. Für den Besuch in Budweis sollte man 4 Std. einplanen.

Ausrüstung: Badesachen.

Wenn es Nacht wird: Autocamp Jenišov (www.autocampjenisov.cz), Kemp České Vrbné (raftingcb.cz/en/camp-ceske-vrbne).

Bier in den USA und Kanada sogar unter anderem Namen verkauft.

Nachdem der Brauprozess genau beschrieben wurde, sind wahrscheinlich alle Teilnehmer:innen der Führung davon überzeugt, dass Budweiser eines der besten Biere sein muss. Im kühlen Keller der Brauerei kann man persönlich testen, ob das zutrifft. Dort stehen frisch gezapfte Biere bereit, und so schnell, wie die Gläser leer getrunken sind, muss an der Qualität etwas dran sein.

Abschließend wird noch ein Blick auf die Abfüllanlagen geworfen. Die Flaschen fahren klappernd über die Bänder, werden befüllt, verschlossen und in Kartons verpackt. Nach rund einer Stunde steht die Gruppe wieder im Besucherzentrum, wo die Tour begonnen hatte.

Jetzt geht es beschwingt weiter zum Marktplatz beziehungsweise zum Hauptplatz, wie er richtig heißt. Der große Platz ist umgeben von farbenfrohen Häusern. Besonders hervor sticht das blaue Rathaus im Barockstil mit seinem auffälligen Fassadenschmuck. Im Zentrum steht der Samsonbrunnen, der genau wie das Rathaus ein geschütztes Kulturdenkmal ist. Nach einem kleinen Bummel über den Platz geht es durch einen Park, der auf der Sokolský-Insel liegt, zurück zum Parkplatz. Die Insel ist umschlossen von den Flüssen Moldau und Maltsch und ein Ort zum Entspannen. Außerdem finden im Park regel-

Sowohl das blaue Rathaus von Budweis als auch der Samsonbrunnen sind geschützte Kulturdenkmäler.

mäßig Konzerte und andere Kulturveranstaltungen statt. Um die grüne Umgebung mitten in der Stadt zu genießen, schlendert man etwas langsamer umher. Schließlich geht es über die Vltava-Brücke zurück zum Camper und zum heutigen Campingplatz am Rande von Budweis.

Das Kemp České Vrbné befindet sich an einer künstlich angelegten Wildwasserstrecke, auf der Raftingboote und Kajaks entlangsausen. Es gibt hier auch regelmäßig Veranstaltungen und Wettbewerbe, bei denen Profis aus ganz Europa ihre Kräfte messen. Vor Ort kann man sich entsprechendes Equipment leihen, um selbst eine rasante Fahrt zu unternehmen. Aber ehrlich gesagt ist es auch schön, einfach vom Rand aus zuzuschauen, und zwar ganz relaxt mit einem Getränk des örtlichen Bistros in der Hand.

Der Campingplatz liegt eingebettet zwischen dem Wildwasserkanal und der Moldau, die den Kanal speist. Am Abend wird der Zufluss eingestellt, erst am Morgen wird die Strecke erneut geflutet. Dann sind schon bald wieder jede Menge Kajaks und Schlauchboote und sogar Stand-up-Paddelboards auf den Fluten unterwegs. Ab und an landet mal jemand im Wasser, aber das wird meist von vergnüglichem Lachen begleitet.

FAZIT: NATUR, KULTUR UND GENUSS PERFEKT VEREINT IN SÜDBÖHMEN.

3. KAPITEL IM SÜDEN

Frankreich, Schweiz & Österreich

Genuss pur entlang der Elsässer Weinstraße, hoch hinauf in die Schweizer Berge und die Seen des Salzkammergutes entdecken. Südlich von Deutschland ist für jeden etwas dabei.

FRANKREICH

STADT, FLUSS, SEE

... Metz, Mosel und Lac de Madine

#14

Mit dem Rad geht es entlang der Mosel ins bezaubernde Metz. Die Stadt lockt mit einem ganz besonderen Garten, beeindruckenden Bauwerken und der ein oder anderen Leckerei. Für Abkühlung und Erholung wird schließlich am Lac de Madine gesorgt.

Erst mit einem Croissant stärken und dann die bezaubernden Gassen der Altstadt von Metz erkunden.

»Möchten Sie morgen früh Croissants oder ein Baguette?«, fragt der freundliche Mitarbeiter des Camping Paquis Corny. So wird man doch gern begrüßt.

Der einfache Campingplatz liegt südlich von Metz direkt an der Mosel. Nur ein Radweg und ein einfacher Zaun trennen die Fahrzeuge von dem vorbeiströmenden Fluss. Die Sanitäranlagen sind schon älter, aber sauber. Unter den Gästen befinden sich nicht nur Wohnmobilist:innen, sondern auch Rad- und Motorradreisende.

Sobald ein gemütlicher Stellplatz gefunden ist, vertritt man sich erst mal die Füße. Es gilt nur noch, sich zu entscheiden, ob es flussauf- oder flussabwärts gehen soll. Die Entscheidung fällt auf flussabwärts, vorbei am kleinen Jachthafen und mitten ins Grüne. Nach nicht ganz einem Kilometer verkündet ein Schild, dass hier der historische Parcours der Schlacht von Dornot zu finden ist. Entlang eines schmalen Weges stehen rechts und links ausführliche Infotafeln mit Fotos, Augenzeugenberichten und allerlei Wissenswertem zu den Ereignissen von 1944. Alle Ta-

feln sind dreisprachig in Französisch, Englisch und Deutsch gehalten. Es lohnt, sich zum Anschauen und dem Lesen der teils persönlichen Berichte etwas Zeit zu nehmen.

Trotz der anschaulichen Zeitzeugenberichte ist es schwer vorstellbar, dass an diesem heute so idyllischen Ort einst heftige Kämpfe tobten. Nach dem Eintauchen in die Geschichte setzt man seinen Weg umso dankbarer fort. Mit Blick auf die Mosel fliegen die Gedanken in der herrlich klaren Luft noch etwas umher. Irgendwann geht es dann aber wieder zum Campingplatz zurück.

Am nächsten Morgen gibt es natürlich Croissants UND Baguette zum Frühstück. Im Anschluss werden die Fahrräder startklar gemacht. Der Radweg am Campingplatz führt nämlich geradewegs bis in das knapp 15 Kilometer entfernte Metz. Die Route verläuft an der Mosel und später am Canal de la Moselle entlang.

Erstes Ziel ist der Jardin Éphémère auf der Place de la Comédie. Dieser bezaubernde Platz liegt auf einer kleinen Moselinsel mitten in der Stadt. Jardin Éphémère bedeutet übersetzt »vergänglicher Garten«, und genau das wird geboten. Der Garten lädt jedes Jahr von Ende Juni bis Mitte Oktober zum Entdecken und Entspannen ein und widmet sich dabei jährlich wechselnden Themen. Entlang verschlungener Wege schlendert man durch üppiges Grün und eine bunte Blütenpracht. Der Jardin Éphémère hat eine relativ kleine Grundfläche, sodass man sich Zeit für die Details und für eine Pause auf einer der vielen Sitzgelegenheiten nehmen kann. Dort schweifen die Gedanken, und man lässt die

Von den Ruinen des Château de Mousson offenbart sich ein fantastischer Panoramablick auf die umliegende Landschaft. Auf dem Campingplatz Paquis Corny (rechts) übernachtet man im Grünen.

großartige Arbeit der Gärtner:innen und Landschaftsarchitekt:innen auf sich wirken.

Vom Springbrunnen aus bietet sich ein malerischer Blick auf den Temple Neuf, eine protestantische Kirche, deren Grundstein Ende 1901 nach langen Planungen und verschiedenen Entwürfen gelegt wurde, sowie auf die Kathedrale Saint-Étienne. Das gotische Kirchengebäude besticht mit insgesamt über 6500 Quadratmetern Fensterflächen mit Werken von Marc Chagall, Hermann von Münster, Valentin Bousch, Jacques Villon und Bissière. Aufgrund der farbenfrohen Glasmalereien hat die Kathedrale den Spitznamen »Laterne Gottes«. Um sie näher zu betrachten, fährt man von der kleinen Moselinsel über eine Brücke auf die Place d'Arme.

Nach der langen Radtour meldet sich nun der Magen. Wie gut, dass der Marché Couvert nur wenige Schritte entfernt ist. Durch einen der unscheinbaren Eingänge geht es in die Markthalle, und schon findet man sich in einer anderen Welt wieder. Die Wärme des Sommers, die über den Platz flimmerte, bleibt draußen. Hier ist es kühl, und zwischen den Ständen mit frischem Fisch und Meeresfrüchten, Obst, süßen Köstlichkeiten und regionalen Spezialitäten herrscht reges Treiben. Ein gerade eben mit Salami, Käse und Salat belegtes Baguette ist jetzt genau das Richtige. Anschließend rufen die Gassen der Altstadt. An der Place Saint-Jaques wartet im Eiscafé Amorino der Nachtisch: leckeres Eis und Sorbet kunstvoll in Blütenform auf der Waffel drapiert. Besonders lecker sind die veganen Sorbets, wobei die Entscheidung zwischen Geschmacksrichtungen wie Blutorange, Bio-Zitrone, Passionsfrucht oder Limette mit Basilikum wirklich schwerfällt.

Gestärkt geht es in die Rue Taison. Die verlockenden Düfte aus den Restaurants und das fröhliche Stimmengewirr verleihen der Straße ihren ganz eigenen Charme. Hier hängt unübersehbar der Graoully. Dieses mystische Tier mit dem Aussehen eines Drachens soll die Stadt verwüstet haben, bevor es vom Heiligen Clément de Metz, dem ersten Bischof der Stadt, vertrieben wurde.

Die Straße führt hinauf zur Place Saint-Croix, dem mit 189 Metern höchsten Punkt von Metz. Auf dem Hügel Saint-Croix ließen sich bereits 3000 Jahre vor Christus die ersten Menschen nieder. Heute ist der Platz ganz oben auf dem Hügel von mehreren gotischen Häusern aus dem 13. bis 15. Jahrhundert gesäumt, darunter das Hotel de la Bulette, das eine faszinierende und vor allem abwechslungsreiche Geschichte hinter sich hat. Erkennbar ist es an den Zinnen und zwei kleinen Wachtürmen. Im Mittelalter diente es als Verwaltungsgebäude, in dem man hauptsächlich der Aufgabe nachging, Abgaben einzutreiben. Im 16. Jahrhundert wurde es zu einem Gefängnis umfunktioniert, im 19. Jahrhundert diente es als Mädchenschule, später wurde

Die Rue Taison: Über gemütlichen Restaurants hängt der Drache Graoully.

es zum Krankenhaus umgebaut, und heute ist es eine Unterkunft.

Mit dieser spannenden Geschichte im Gepäck radelt man den Hügel wieder hinunter und kehrt zurück nach Corny-sur-Moselle, wo der Camper für die Weiterfahrt bereitsteht. Es geht durch den kleinen Ort und über die Mosel. Auf der D12 lässt man die Häuser hinter sich und taucht in eine weite Landschaft voller Felder und baumbewachsener Hügel im Hintergrund ein. Zwischendurch wird die Idylle kurz von einer Ortschaft durchbrochen, um sich im Anschluss wieder in voller Gänze zu entfalten. Dann erreicht man Nonsard-Lamarche und den Lac de Madine, einen circa zehn Quadratkilometer großen Stausee im Regionalen Naturpark Lothringen. Dieser dient nicht nur als Trinkwasserreserve, sondern wartet auch mit einem Freizeitzentrum auf, das sich über die beiden Standorte Madine Nonsard und Madine Heudicourt erstreckt. Dazu gehören Strandbars, ein Wasserpark, ein Golfkomplex, Minigolf, ein Kletterpark und vieles mehr.

Da der große Sandstrand bei Nonsard-Lamarche lockt, wird der Camper auf einem der dortigen Stellplätze am See geparkt: entweder auf einem der Komfortplätze mit Strom, Wasser und Blick auf den See oder auf dem großen einfachen Wiesenplatz ohne weiteren Service in »zweiter Reihe«. In beiden Fällen ist der See und damit der Strand nicht weit, und so endet der Tag mit einer Erfrischung im kühlen Nass.

Um den kompletten Lac de Madine herum führt ein Rad- und Wanderweg. Was liegt also näher, als eine weitere Fahrradtour zur Erkundung der Umgebung? Dementsprechend wird

Am Springbrunnen im Jardin Éphémère kann man mit Blick auf die Stadt entspannen. Die Überreste der Statue von Jean d'Arc, umgeben von den Ruinen des Château de Mousson (unten).

am nächsten Morgen nach dem Frühstück wieder kräftig in die Pedale getreten.

Der mit Tour du Lac beschilderte Rundweg ist etwa 19 Kilometer lang. Bei der Fahrt gegen den Uhrzeigersinn zieht zunächst der Jachthafen vorbei, und man genießt bald einen wunderbaren Blick über den See. Anschließend geht es durch den schattigen Wald. Schon taucht der drei Kilometer entfernte zweite Teil des Freizeitzentrums Madine Heudicourt mit einer Bar und einem weitläufigen Kletterparcours auf. Hier befinden sich weitere Stellplätze für Wohnmobile. Nach etwa sieben Kilometern lohnt ein kurzer Abstecher zum Vogelobservatorium direkt am See. Mit etwas Glück lassen sich einige der über 200 Vogelarten beobachten, die dort ihr Zuhause haben. Oberhalb von Montsec fällt ein großes helles Monument auf. Die riesigen Säulen sind selbst auf diese Entfernung gut zu erkennen. »Butte de Montsec« ist ein amerikanisches Ehrenmal und erinnert an die amerikanischen Soldaten, die 1917 und 1918 in der Region kämpften. Danach geht es in den Endspurt. Es folgt noch ein gutes Stück durch den kühlen Wald bis zum Ausgangspunkt der Rundtour. Und nun rufen noch einmal der Strand und das erfrischende Seewasser. Was für eine Wohltat!

Im Anschluss an die Pause ist es an der Zeit, den Camper startklar zu machen, denn es folgt ein letzter Abstecher zum Château de Mousson. Die Ruine liegt auf einem Hügel, an dem man parken kann. Das letzte Stück wird zu Fuß durch die Gemeinde Mousson zurückgelegt. Verfehlen kann man sein Ziel nicht – einfach immer nach oben laufen. Auf den letzten Metern stehen auf Tafeln entlang des Weges Zitate verschiedener französischer Schriftsteller, darunter Größen wie Jean Paul Sartre, Jean de la Fontaine und Jules Renard. Dann tauchen endlich die Überreste des Château de Mousson auf.

Die Burg wurde im 10. Jahrhundert gebaut, um den Verkehr auf der alten Römerstraße von Lyon nach Trier zu kontrollieren. Vor Ort befand sich nämlich eine der wenigen Brücken über die Mosel. Bis zum 13. Jahrhundert diente das Chateau als Residenz des Grafen von Mousson. Es konnte jedoch der Zeit und vor allem den Kriegen nicht trotzen, und so sind heute lediglich ein paar Außenmauern geblieben. Auf dem Hügel ist außerdem die Kapelle des Lichts zu sehen, eine moderne Konstruktion, die von den Amerikanern als

Am Lac de Madine finden sich abseits der Freizeitzentren immer wieder ruhige Orte für eine gemütliche Pause.

Wiedergutmachung für die Zerstörung der Kirche von Mousson errichtet worden ist. Gemeinsam mit der Kirche wurde auch die Statue von Jeanne d'Arc zerstört. Der verbliebene Oberkörper steht noch heute als stummer Zeuge auf dem Gelände des Châteaus. Von hier oben offenbart sich zudem ein fabelhafter Blick über die Täler von Mosel und Seille. Was für ein Panorama!

FAZIT: EINE ABWECHSLUNGSREICHE TOUR VOLLER LANDSCHAFT UND GESCHICHTE.

On the Road: Ab dem Grenzübergang bei Saarbrücken sind es bis zum Campingplatz in Corny-sur-Moselle ca. 80 km, bis zum Stellplatz am Lac de Madine in Nonsard-Lamarche ca. 45 km und bis zum Château de Mousson weitere 35 km.

Beste Zeit: Sommer bis Spätsommer, wenn der vergängliche Garten in Metz blüht und der Lac de Madine zum Hineinspringen einlädt.

Dauer & Strecke: Ein Wochenende. Für den 2 km langen Spaziergang am Camping Paquis Corny braucht man inklusive Aufenthalt am historischen Parcours der Schlacht von Dornot etwa 1 Std.

Der Spaziergang an der Mosel kann beliebig verlängert werden. Für die Radtour nach Metz (15 km pro Strecke) sollte man hin und zurück jeweils ca. 1 Std. einplanen und in Metz selbst etwa 2 Std. für rund 2 km. Die Tour du Lac um den Lac de Madine (19 km) dauert rund 2 Std., und für den Abstecher zum Château de Mousson (35 km und 800 m zu Fuß) benötigt man etwa 2 Std.

Ausrüstung: Fahrrad (am Lac de Madine gibt es einen Fahrradverleih), Badesachen.

Wenn es Nacht wird: Camping Paquis Corny (campingcorny.com), Stellplatz am Lac de Madine in Nonsard-Lamarche.

ALSACE
PIERRE DE VI

SAVOIR-VIVRE

... entlang der Elsässer Weinstraße

Farbenfrohe Fachwerkhäuser, exquisite Weine und kulinarische Versuchungen: Bei einer Tour entlang traditioneller Dörfer und hügeliger Weinberge an der Elsässer Weinstraße kommen Genussmenschen voll auf ihre Kosten.

#Fachwerkzauber #ÜbernachtenbeimWinzer #hochdieGläser

Die Elsässer Weinstraße führt auf 170 Kilometern durch ca. 100 gemütliche Winzergemeinden.

Mit ihren zauberhaften Fachwerkhäusern und dem oft reichen Blumenschmuck versprühen die circa 100 Winzergemeinden auf der Elsässer Weinstraße einen ganz besonderen Charme. Seit 1953 führt diese Route auf insgesamt 170 Kilometern von Marlenheim bis nach Thann, und beim Schlendern durch die Ortschaften scheint die Zeit manchmal stillzustehen. Mit dem Camper geht es direkt zu gastfreundlichen Winzern, bei denen hervorragende Weine der Region verkostet werden können.

Die Route des Vins d'Alsace – so der französische Name der Straße – ist durch entsprechende Schilder gekennzeichnet und schlängelt sich gemütlich von Nord nach Süd. Wichtig zu wissen: Dies ist keineswegs die kürzeste Strecke zwischen den Ortschaften. Ganz im Gegenteil. Sie meidet die großen Straßen und führt durch malerische Dörfer sowie an Obstwiesen und Weinbergen vorbei. Auf dieser Tour geht es circa 95 Kilometer von Marlenheim bis nach Eguisheim und dabei streckenweise über die Elsässer Weinstraße, aber auch immer wieder auf die größeren Straßen.

»Porte de la Route des Vins« (Tor zur Elsässer Weinstraße): Mit dieser Aufschrift empfängt einen der Kreisverkehr in Marlenheim, an dem sich die D1004, die D220 sowie die D2204 treffen. Neben dem Schriftzug thronen einige Fässer Wein. Hier startet die Reise entlang der Elsässer Weinstraße. Es geht direkt weiter nach Wangen mit dem Niedertor, einem der letzten Überbleibsel der mittelalterlichen Stadtbefestigung des Ortes. Die Durchfahrtshöhe ist auf 3,10 Meter beschränkt, also nur

für kleinere Campervans geeignet. Größere Wohnmobile umfahren den Ortskern.

Hat man das Tor passiert, fühlt es sich endgültig so an, auf der Weinstraße angekommen zu sein. Empfangen wird man von charmanten Häusern mit bunten Fensterläden und farbenfrohen Blumenkästen. Der ganze Ort versprüht Gemütlichkeit.

Ein weiteres Tor führt wieder aus Wangen hinaus und gibt den Blick auf Weinberge frei. Bald ist man von Weinreben und Obstbäumen umgeben. Die Sonne scheint noch ein bisschen heller, und die Ruhe ist beinahe greifbar. Es herrscht kaum Verkehr – nur ab und an sieht man Weinbautraktoren, kleine, schmale Fahrzeuge, die extra für den Einsatz in den Weinbergen konstruiert sind.

Entlang des Weges fallen auf Hügeln in der Ferne immer wieder alte Burgen und Burgruinen auf. Tatsächlich ist das Elsass eine der burgenreichsten Regionen Europas. Die Bauwerke sind Zeugen längst vergangener Tage und dienten einst der Verteidigung oder als Residenzen.

In Obernai am Fuß des Odilienberges ist es an der Zeit, den Camper auf einem der großen Parkplätze abzustellen, auszusteigen und das elsässische Flair in sich aufzusaugen. Vom Parking des Remparts führt ein kleiner Durchgang in der alten Stadtmauer direkt in die Innenstadt, wo schon prächtige Fachwerkhäuser darauf warten, bestaunt zu werden. Wie wäre es nach einer längeren Fahrt mit einem Eis bei Le Glacier Franchi Obernai, das mit einer großen Auswahl an köstlichen

Ruhe und Wein: Auf dem Campingplatz Eric Bimboes steht man im Grünen direkt beim Winzer. Der kleine Ort Scherwiller lässt sich am besten bei einem Spaziergang erkunden.

Eissorten lockt? Vor allem das Limetteneis ist sehr erfrischend.

Mit neuer Energie geht es danach weiter zum nur wenige Meter entfernten Kappelturm, früher sowohl Wach- als auch Glockenturm, zu dem außerdem die Kapelle der Heiligen Jungfrau gehörte. Heute sind nur noch der Chor sowie der Turm erhalten. Nachdem man die Gassen ausgiebig erkundet und sich an den malerischen Eindrücken erfreut hat, spaziert man zurück zum Wohnmobil, um der Elsässer Weinstraße weiter gen Süden zu folgen.

In Scherwiller weist ein kleines Schild mit der Aufschrift »Camping« den Weg zum zauberhaften Bauernhof- und Winzercampingplatz Eric Bimboes. Eine Wiese mit Schatten spendenden Obstbäumen heißt Erholungssuchende willkommen und sorgt für Ruhe und Entspannung mitten im Ort.

Die kleine Gemeinde Scherwiller mit knapp über 3000 Einwohnern gilt als das Zentrum des elsässischen Rieslings. Über 65 Prozent der rund 370 Hektar Weinberge in der Region sind dem Anbau dieser Rebsorte gewidmet. Auch hier thront auf einem Hügel vor dem Ort eine mittelalterliche Burgruine: das Château de l'Ortenbourg. Namensgeber ist die Familie Ortenberg, die seit dem 10. Jahrhundert in Scherwiller lebte. Die Burg hat eine wilde Geschichte hinter sich. Sie wurde belagert, von den Habsburgern an die Straßburger Familie Müllenheim verkauft, diente als Raubritternest, wurde von den Straßburgern zurückerobert und schließlich im Dreißigjährigen Krieg zerstört. Wenn man zwischen den

Weinreben hinauf zur Ruine schaut, steht sie ganz sanft und friedlich da und scheint ihren Lebensabend als Touristenattraktion zu genießen.

Mitten durch Scherwiller plätschert beruhigend der Aubach – im Sommer kann es allerdings sein, dass er vorübergehend kein Wasser führt. Immer wieder laden am Bach Vertiefungen zu kurzen Pausen ein, um die wunderschönen farbenfrohen Fachwerkbauten zu bestaunen und sich vorzustellen, wie geschäftig es hier wohl mal zuging. Damals wurde die Wäsche an diesen Waschhäusern aus Stein direkt am Bach gewaschen.

Nur 300 Meter vom Campingplatz entfernt finden Feinschmecker:innen auf der Suche nach authentischer elsässischer Küche das

passende Restaurant. Das gemütliche La Couronne (www.couronne.com) mit seiner detailreichen elsässischen Dekoration bietet eine große Auswahl an lokalen Spezialitäten, darunter natürlich Flammkuchen, aber auch Choucroute royale (Sauerkraut mit Fleisch) und Baeckeoffe (eine Art Eintopf mit mariniertem Fleisch, Kartoffeln, Karotten, Lauch und Zwiebeln). Die Weinkarte ist ebenso überzeugend und enthält mehrere Weine aus der Region. Auf dem Weg zum Restaurant kommt man an einem kleinen Trödelladen vorbei, der mit dem Schild »Puces« und allerlei farbenfrohem Krimskrams auf sich aufmerksam macht.

Zurück auf dem Campingplatz, sorgt eine Weinprobe für den perfekten Ausklang des Tages. Neben Riesling überzeugen auch die weiteren Weine des Winzers Eric Bimboes – und so ist es kein Wunder, wenn der Camper quasi über Nacht durch die ein oder andere erstandene Flasche etwas schwerer wird.

Nach dem wohligen Schlaf im Grünen ist es am nächsten Morgen Zeit für ein ausgiebiges französisches Frühstück. Dabei dürfen natürlich Croissants nicht fehlen. Diese warten schon frisch, duftend und in verschiedenen Varianten in der Boulangerie Pâtisserie Thierry Huber. Daneben lassen auch fruchtig-leckere Macarons, Mini-Tartes, Eclairs und weitere Köstlichkeiten das Wasser im Mund zusammenlaufen.

Gestärkt geht es anschließend weiter Richtung Colmar. Nach der Ruhe in Scherwiller wirkt die Stadt regelrecht hektisch. Deswegen verschwindet sie bald im Rückspiegel. Das nächste Ziel heißt Turckheim. Vor den Toren der Altstadt gibt es einen Parkplatz, der außer zur

Blick von den Weinbergen auf Eguisheim. Bei der Auswahl in der Boulangerie & Pâtisserie kann man sich kaum entscheiden.

Marktzeit freitagvormittags kostenlos genutzt werden kann. Von dort sind es nur wenige Schritte bis zur Porte de France, hinter der die charmante Altstadt liegt. Um sich ein wenig die Füße zu vertreten, besucht man den Jardin de la ville, einen kleinen, hübsch angelegten Garten mit bunten Blumen und Blick auf die Kirche Saint-Anne mit ihrem romanischen Turm.

Danach fährt man weiter nach Eguisheim, das 2003 zu einem der schönsten Dörfer Frankreichs gewählt wurde. Zunächst steht die Demeter-zertifizierte Weinkellerei Pierre de Vigne auf dem Programm. Der Winzer bietet kostenlose Übernachtungsmöglichkeiten an.

Nach einem freundlichen Hallo folgt erst einmal ein Rundgang durch den nur zwei Gehminuten entfernten Ort. Eguisheim erstreckt sich rund um seine Burg. Straßen und Gassen verlaufen in konzentrischen Kreisen um diese herum. So kann es passieren, dass man gefühlt immer geradeausgeht, aber am Ende doch wieder am selben Punkt herauskommt.

Wer nichts verpassen möchte, folgt der ausgeschilderten Wanderroute mit neun Etappen. Auf gepflasterten Wegen geht es durch das mittelalterliche Dorf. Die kleinen bunten Häuser und die vielen Blumen machen sofort gute Laune.

Hoch oben auf den Dächern sitzen einige Störche gemütlich in ihren Nestern oder blicken neugierig auf die Menschen hinunter. Die Vögel sind auch in den Souvenirläden in allen Größen zu finden, denn der Weißstorch ist das Wahrzeichen des Elsass. Nachdem in den 1970er-Jahren die Population bedroht war, startete 1983 ein Programm zur Wiederansiedelung der weiß-schwarzen Tiere. Offensichtlich war es sehr erfolgreich: So sind Störche in der Region inzwischen allgegenwärtig und nisten auf Kirchtürmen, Schornsteinen und Masten.

Bald taucht das Château de Saint-Léon auf, das Zentrum der Gemeinde. Es wurde zu Beginn des 13. Jahrhunderts vom Grafen von Eguisheim erbaut. Vor der Burg blühen überall Blumen, was zum farbig gemusterten Dach toll aussieht.

Letzte Station der Wanderroute durch Eguisheim ist einer der Zehnthöfe. Ein Tor führt in einen prächtigen Innenhof. Im 17. Jahrhundert gab es in dem Ort 20 solcher Höfe, in denen Geschäfte jeglicher Art stattfanden.

Zurück bei der Weinkellerei, hört man schon das fröhliche Lachen und Plauschen verschiedener Stimmen. Anscheinend hat die heutige Weinprobe schon begonnen. Der fröhliche Winzer ist zu allerlei Scherzen aufgelegt und erzählt gern etwas über den Weinbau und seine Heimat Eguisheim. Neben ausgezeichneten Weinen bietet das Weingut Pierre de Vigne auch einen hervorragenden Crémant: Schaumwein aus dem Elsass, der nach traditioneller Flaschengärung hergestellt wird. Er überzeugt durch sein weiches Prickeln und seine Fruchtigkeit. Eine Kostprobe sollte man sich also nicht entgehen lassen.

Nach der ausgiebigen Weinprobe in fröhlicher Runde geht es noch einmal in den kleinen Ort. Jetzt ist ein original Elsässer Flammkuchen in einem der gemütlichen Restaurants genau das Richtige.

Am nächsten Morgen ruft eine weitere, kurze Wanderung, denn Eguisheim hat nicht nur einen wunderschönen Ortskern, auch die umliegenden Weinberge sind äußerst einladend. Oben auf einem Hügel sind die sogenannten Drei Exen zu sehen, drei Burgruinen direkt nebeneinander: Dagsburg, Walenburg und Burg Weckmund. In Richtung dieser Landmarken folgt man dem mit einem gelben Kreis ausgeschilderten Wander- und Radweg und findet sich bald mitten in den Weinbergen wieder. Der Blick zurück offenbart ein herrliches Panorama auf den Ort und die wunderschöne Landschaft.

Für den Rückweg dient die Spitze des Turms der Église Saints-Pierre-et-Paul als Orientierungspunkt. Die Vorfreude auf Croissants aus der Boulangerie Pâtisserie Marx im Ortskern beschleunigt den Schritt. Ein paar der leckeren Gebäckstücke kommen für die Rückfahrt

Entdeckungen entlang der Elsässer Weinstraße: malerische Gassen in Eguisheim, grüne Streuobstwiesen und verlockende Bäckereien.

mit an Bord. Jetzt heißt es Abschied nehmen, und der Winzer fragt lachend, was die Deutschen nur immer mit ihren Croissants haben. So geht es gut gelaunt und fröhlich mampfend mit dem Camper durch die Weinberge zurück Richtung Heimat.

FAZIT: DIE ELSÄSSER WEINSTRASSE VERZAUBERT MIT MALERISCHEN WINZERGEMEINDEN, EINER IDYLLISCHEN LANDSCHAFT UND KULINARISCHEN KÖSTLICHKEITEN.

On the Road: Ab dem Grenzübergang Iffezheim/Beinheim sind es ca. 60 km bis Marlenheim. Die komplette Strecke von Marlenheim bis Eguisheim beträgt rund 95 km. Erster Stopp ist nach 30 km der Parking des Remparts (Parkplatz Obernai). Danach geht es weiter ins 22 km entfernte Scherwiller zum Bauernhof- und Winzercampingplatz Eric Bimboes. Die nächsten Ziele sind Colmar (26 km), Turckheim (7 km) und schließlich Eguisheim (10 km).

Beste Zeit: Besonders schön im Herbst, wenn sich die Weinberge für ein paar Wochen in ein Farbenmeer aus Gelb, Grün und Orange verwandeln.

Dauer & Strecke: Ein Wochenende. Obernai, Scherwiller, Colmar und Turckheim erkundet man ganz nach Lust und Laune. Für die neunetappige Wanderroute in Eguisheim (1,5 km) sollte man etwa 1 Std. einplanen und für die 10 km lange Wanderung zu den Drei Exen und zurück 3 Std.

Ausrüstung: Ausreichend Stauraum für die Einkäufe auf den Weingütern.

Wenn es Nacht wird: Bauernhof- und Winzercampingplatz Eric Bimboes in 15 Rue de la Gare, 67750 Scherwiller. Übernachten direkt beim Winzer in Eguisheim: Weinkellerei Pierre de Vigne, einfacher Stellplatz, keine Reservierung möglich, im Sommer sollte man besser früh da sein (www.pierredevigne.fr).

SCHWEIZ

DER BERG RUFT!

... rund um den Vierwaldstättersee

#16

Klares Wasser, frische Bergluft, grandiose Aussichten und außergewöhnliche Klänge – ein Wochenende am Vierwaldstättersee verspricht jede Menge Abwechslung. Besonders schön ist es hier im Spätfrühling, wenn die Berggipfel in der Ferne noch mit Schnee bedeckt sind.

#hochhinauf #Wasser&Berge #klingGlöckchen

Der Vierwaldstättersee schmiegt sich idyllisch zwischen majestätische Berge, grüne Wiesen und malerische Ortschaften. Er liegt auf einer Höhe von 433 Metern und erstreckt sich über eine Fläche von 114 Quadratkilometern auf dem Gebiet von insgesamt vier Kantonen: Uri, Schwyz, Unterwalden und Luzern. Genau daher hat er auch seinen heutigen Namen, denn die Kantone wurden früher als »Waldstätten« bezeichnet.

Ziel ist zunächst der Campingplatz Vitznau im gleichnamigen Ort. Auf dem Weg dorthin bekommt man schon einen ersten vielversprechenden Eindruck von dieser wunderschönen Region der Schweiz. Die Straße führt entlang des Sees und bietet immer wieder atemberaubende Aussichten auf das glitzernde Wasser. Mit jedem Kilometer steigt die Vorfreude auf die bevorstehenden Tage.

Auf dem Campingplatz schläft man mit Blick auf den See und die umliegenden Berge. Er ist ein hervorragender Ausgangspunkt für Wanderungen und Ausflüge. Also werden die Schuhe geschnürt, etwas Verpflegung eingepackt, und auf geht's: Der Berg ruft!

Bei der Talstation der Luftseilbahn Vitznau-Wissifluh (www.wissifluh.ch), nur wenige Meter vom Campingplatz entfernt, lohnt ein erster Zwischenstopp. Die Seilbahn ist etwas ganz Besonderes. Ohne eine einzige Zwischenstütze überwindet sie knapp 450 Höhenmeter. Ihre zwei roten Gondeln bilden einen herrlichen Kontrast zur grünen Landschaft. Da sie nur auf Zuruf fährt, muss man am alten Telefon in der Station die Nummer des Restaurants hoch oben auf dem Berg wählen, um sie zu nutzen. Aber jetzt darf die Seilbahn stillstehen, denn es geht zu Fuß nach oben.

Was für eine Kulisse: Ein ganz besonderes Panorama offenbart sich, wenn die Berggipfel mit Schnee bedeckt sind.

Kurz hinter der Talstation beginnt der Bergwanderweg in Richtung Wissifluh, erkennbar an der weiß-rot-weißen Markierung. Seinem Namen macht er alle Ehre: Er führt steil bergauf und ist somit nichts für Ungeübte. Doch die Mühe zahlt sich aus, da die Belohnung eine atemberaubende Sicht auf den Vierwaldstättersee ist. Mit jeder Kurve, die sich der Weg nach oben schlängelt, wird die Aussicht spektakulärer. Erstes Ziel ist nach circa eineinhalb Stunden die Bergstation der Luftseilbahn Wissifluh mit dem dazugehörigen Gasthof, dessen Restaurant allerdings nur bei telefonischer Voranmeldung öffnet. Möchte man einen kleinen kulinarischen Zwischenstopp einlegen, kann man vorab die an der Talstation angegebene Nummer mit dem dortigen Apparat anrufen - ein herkömmlicher Anruf mit dem Mobiltelefon ist aber natürlich auch möglich.

Von hier aus folgt man der gut sichtbaren gelben Beschilderung zurück in Richtung Vitznau. Auf der anderen Seite des Berges führt der Weg sanft in weiteren eineinhalb Stunden durch saftig grüne Wiesen wieder hinab und die vom Aufstieg beanspruchten Beine können sich etwas erholen. Links und rechts vom Pfad entdeckt man immer wieder idyllisch gelegene kleine Höfe. Vor den Häusern verströmen Holzstapel ihren typischen, gemütlichen Duft.

Es herrscht eine wunderbare Ruhe, die nur vom Zwitschern der Vögel, dem leichten Wind, der durch die Bäume streift, und ab und zu vom Gebell eines Hundes unterbrochen wird.

Unterwegs gibt es die Möglichkeit, in kleinen Hofläden frische Konfitüren und andere Leckereien zu kaufen. Es ist also eine gute Idee, etwas Bargeld mitzunehmen. Alternativ zahlt

man mit TWINT, einer mobilen, in der Schweiz recht weit verbreiteten Bezahl-App.

Die letzten paar Hundert Meter des Wanderweges verlaufen am See entlang, und dann taucht auch schon der Campingplatz wieder auf.

Zeit, zu verschnaufen und neue Energie zu tanken. Das geht hervorragend im Restaurant Rütli (www.ruetli-vitznau.ch), nur gut 500 Meter vom Campingplatz entfernt an der Seestraße. Die gemütliche Atmosphäre und die leckere hausgemachte Küche sind der perfekte Abschluss des Tages. Das Rütli hat eine wechselnde Tageskarte und bietet ein ausgezeichnetes Cordon bleu. Wer es etwas leichter und vegetarisch mag, dem seien die feinen Nudeln mit Zucchetti, Oliven, Cherrytomaten, Peperoncini und Feta empfohlen.

Am nächsten Morgen steht eine wunderschöne Wandertour entlang des Vierwaldstättersees auf dem Programm: Von Vitznau aus geht es 6,2 Kilometer bis nach Weggis. Auf dem Weg durch Vitznau fällt mit Sicherheit die imposante Zahnradbahn auf, die in regelmäßigen Abständen hoch hinauf auf die Rigi und wieder zurück fährt. Die Rigi ist das Bergmassiv zwischen dem Vierwaldstättersee, dem Zugersee und dem Lauerzersee. Ihr höchster Gipfel Rigi Kulm hat eine Höhe von 1797,5 Metern.

Eröffnet wurde die Zahnradbahn Vitznau-Rigi Kulm (www.rigi.ch) bereits im Jahr 1871, die damit die erste Bergbahn Europas war. Seitdem hat sie unzählige Menschen auf die Rigi gebracht und sorgt auch heute noch für eine unvergleichliche Reise.

Das größte Glockenspiel der Schweiz trägt seine Melodien weit über den See. Im Restaurant Rütli in Vitznau (Mitte) kann man sich vor oder nach einer Wanderung stärken. Und Tierisches entlang der Route – Eidechse und Elefant.

Zunächst führt die Wanderung entlang des Sees vorbei am Bootshafen Vitznau. Die Gegend rund um Vitznau und Weggis zeichnet sich durch ihr mildes Klima aus. So verwundert es nicht, dass der Blick immer wieder auf Palmen fällt, die ein mediterranes Flair verbreiten. Dann, nach einer halben Stunde Fußweg, steht plötzlich ein Elefant im Wasser! Die Bank mit Blick auf diese ungewöhnliche Steinformation ist perfekt für eine kurze Rast – und

Über sanfte Hügel geht es von der Bergstation der Luftseilbahn Wissifluh zurück ins Tal.

der ideale Fotostopp. Anschließend geht es weiter zur Marina Lützelau. Dort findet man übrigens auch eine öffentliche Toilette. Unterwegs gibt es immer wieder Gelegenheiten, die herrliche Aussicht auf den See zu genießen. Wenn die Umgebung ruhig ist, hört man zudem gelegentlich das Plätschern der Wellen, wenn sie ans steinige Ufer schlagen.

In Weggis angekommen, ist es nicht mehr weit bis zum Fähranleger direkt neben der Touristeninformation. Von hier aus geht es mit der Fähre gemütlich zurück nach Vitznau. Während der circa 15-minütigen Fahrt kann man sich zurücklehnen und die Schönheit des Sees in vollen Zügen genießen.

Wieder zurück am Campingplatz, steigt man nun ins Fahrzeug. Die Route führt an Weggis vorbei – und mit dem Camper fliegt die Landschaft, die vorher so gemütlich erkundet wurde, förmlich an einem vorbei. Es geht Richtung Küssnacht, entlang des Sees nach Luzern und schließlich gen Kriens. Hier wird die Straße steiler.

An der barocken Wallfahrtskirche Hergiswald (www.hergiswald.ch) lohnt ein Zwischenstopp. Nächstes Ziel ist der Parkplatz Gantersei auf etwa 1000 Metern, von dem aus man die tolle Aussicht auf die im Frühling noch schneebedeckten Gipfel genießen kann. Die Luft oben ist kühl und klar, die Berge scheinen zum Greifen nah.

Nur 1,8 Kilometer entfernt befindet sich am Fuß des Pilatus die Alpwirtschaft Unterlauelen (unterlauelen.ch), die ihre Gäste mit behaglichem Flair und regionalen Köstlichkeiten wie Bratwurst mit Zwiebelsoße oder Schwinger Rösti erwartet. Der erste Teil des Weges zum Restaurant wird vom Plätschern des Rümlig, einem 19 Kilometer langen Nebenfluss der Kleinen Emme, begleitet. Im Frühling riecht es herrlich nach frischem Bärlauch, der neben dem Pfad wächst.

Da bei dieser kleinen Wanderung nur etwa 70 Höhenmeter überwunden werden müssen, ist sie bequem in einer halben Stunde zu bewältigen. Nach der Stärkung kann man kaum widerstehen, noch ein Stückchen Richtung Pilatus zu laufen. Dabei geht es durch einen malerischen, unberührten Wald höher

Der Wanderweg Richtung Pilatus schlängelt sich durch die Landschaft. Die Luft hier ist herrlich klar. Blick auf den Vierwaldstättersee (rechts).

hinauf. Der Wald lichtet sich bald, und schon steht man von Ruhe umgeben in den Weiten der Landschaft mit Blick auf die umliegenden Berge. Hier lässt sich einfach der Moment genießen: Augen schließen und tief ein- und ausatmen. Nach der kurzen Auszeit sollte man langsam umkehren und den Campingplatz für die kommende Nacht aufsuchen.

Den Berg hinab fährt man zum Camping Bachmattli am Alpnachersee, einem Seitenarm des Vierwaldstättersees. Auch dieser Platz bietet einen herrlichen Blick auf See und Berge. Zwischen Campingplatz und See verläuft eine wenig frequentierte Straße, aber für Übernachtungsgäste gibt es eine eigene Liegewiese mit Badestelle. Wer nach dem wanderreichen Tag eine Erfrischung braucht, ist hier also genau richtig.

Nach einer erholsamen Nacht folgt die letzte Etappe auf der Rundreise um den Vierwaldstättersee. Während man über die Autobahn 2 fährt, wechseln sich der weite Blick über den See und die Dunkelheit der kühlen Tunnel ab. Schließlich erreicht man die Südostseite des Sees, wo in Sisikon das Glockenspiel Tellsplatte auf seinen Einsatz wartet.

Parkmöglichkeiten gibt es in der Nähe des Restaurants Tellsplatte. Von da aus geht es zu Fuß weiter. Zwischen saftigen Wiesen, auf denen Kühe genüsslich schmatzen oder einfach nur gemütlich dösen, windet sich ein Weg hinunter zum größten Glockenspiel der Schweiz. Dieses ist ein Geschenk der Schweizer Schokoladenfabrikanten an die Schweizer Bevölkerung und verzaubert seit 2001 Groß und Klein mit insgesamt 37 bronzenen

Glocken in unterschiedlichen Größen. Direkt neben dem Glockenspiel sonnen sich auf der Mauer, über die man einen fabelhaften Blick über den See hat, jede Menge Eidechsen. Sobald sich jedoch jemand nähert, huschen die scheuen Tiere blitzschnell davon, um an einer anderen Stelle vorsichtig wieder hervorzulugen. Auch sie scheinen sehnsüchtig darauf zu warten, dass die ersten zehn Minuten der vollen Stunde anbrechen. Denn genau dann ist es so weit: Am Steuerpult des Glockenspiels kann eine der 20 verfügbaren Melodien ausgewählt werden, und eine herrliche Melodie durchbricht die Ruhe der Landschaft. Der Klang breitet sich weit über den See aus und ist bis zur anderen Seite zu hören. Wenn die Glocken schließlich verstummen und wieder Stille herrscht, wartet noch die Tellskapelle einige Stufen tiefer direkt am Ufer des Sees. Hier soll sich Wilhelm Tell während eines Sturms mit einem beherzten Sprung vom Boot des Landvogts Gessler auf die Tellsplatte gerettet haben. Letzterer war auch derjenige, der Wilhelm Tell zuvor befahl, einen Apfel vom Kopf seines Sohnes zu schießen.

Die heutige Kapelle entstand 1879 und wurde 1882 mit vier Tell-Fresken ausgeschmückt. Sie zeigen unter anderem den berühmten Apfelschuss sowie den Tellsprung.

Nach dem historischen Abstecher steigt man die Stufen hinauf zum Parkplatz und verabschiedet sich vom Vierwaldstättersee. Es sind nur noch wenige Kilometer am Wasser entlang, bevor es auf die Autobahn zurück Rich-

Stimmungsvolle Momente: Auch bei Regenwetter verliert der Vierwaldstättersee nicht an Reiz.

tung Deutschland geht. Im Gepäck hat man vielleicht die ein oder andere Tafel Schweizer Schokolade, um ein Stückchen dieses Landes mit nach Hause zu nehmen.

FAZIT: WASSER UND BERGE SIND EINFACH EINE PERFEKTE KOMBINATION.

On the Road: Für die Nutzung der Schweizer Autobahnen wird eine Vignette benötigt. Ab dem Grenzübergang Thayngen sind es ca. 120 km bis Vitznau. Auch die komplette Strecke um den See ist rund 120 km lang (2,5 Std. reine Fahrzeit). Vom Campingplatz in Vitznau zum Parkplatz Gantersei am Pilatus sind es 40 km, von dort bis zum Camping Bachmattli 25 km.

Beste Zeit: Besonders schön im Spätfrühling ab Mitte April, wenn es schon langsam wärmer wird, aber die Berggipfel in der Ferne noch mit Schnee bedeckt sind.

Dauer & Strecke: Ein Wochenende. Für die 8,5 km lange Wanderung zur Wissifluh und zurück braucht man ungefähr 3,5 Std. Die Runde von Vitznau nach Weggis (ca. 6 km) mit dem Rückweg via Fähre dauert 2 Std. Für die Wanderung zum Alpgasthof Unterlauelen (1,8 km, 0,5 Std.) plant man mit anschließendem Abstecher Richtung Pilatus (5 km) ca. 3 Std. ein. Der Besuch des Glockenspiels Tellsplatte mit der Tellskapelle dauert ca. 1 Std.

Ausrüstung: Wanderschuhe, Kamera. Wer gern unkompliziert digital bezahlt, legt sich vorab noch die App TWINT zu. Guthabencodes sind an den Kassen der Supermarktkette Coop erhältlich.

Wenn es Nacht wird: Campingplatz Vitznau (camping-vitznau.ch), Camping Bachmattli (www.bachmattli.ch) – Hunde sind hier leider nicht erlaubt.

BARFUß

... durchs Appenzellerland

#17

Barfuß geht es durch eine Moorlandschaft und per Luftseilbahn in ungeahnte Höhen zu einem der ältesten Berggasthäuser der Schweiz. Für einen gelungenen und vor allem entspannten Abschluss der Tour sorgt ein Besuch im Appenzeller Heilbad.

#Schuheaus #Käsegenuss #Thermalbad #Entspannungszeit

Das Berggasthaus Aescher empfängt seine Gäste mit einer atemberaubenden Aussicht.

Die Sonne scheint über der grünen Hügellandschaft am Alpstein im Appenzellerland. Im Hintergrund erhebt sich eine Reihe markanter Berge, deren Gipfel in den strahlend blauen Himmel ragen. Zeit, die Schuhe auszuziehen! Denn hier am Campingplatz Jakobsbad beginnt der Barfußwanderweg.

Die nackten Füße laufen über die frisch gemähte Wiese, und die Augen verlieren sich im Grün der Landschaft. Schon auf den ersten Schritten spürt man, wie gut es tut, der Natur durch diese Art des Wanderns noch ein Stück näher zu kommen. Der Weg ist gut ausgeschildert und zwischendurch gibt es illustrierte Schilder mit Hinweisen zur Wanderstrecke. Diese sind praktischerweise zweisprachig in Schwyzerdütsch und Deutsch gehalten.

Der Barfußpfad führt durch eine Moorlandschaft, das Gontenmoos. Früher wurde in der Umgebung Torf abgebaut, was die wertvollen Tief- und Hochmoorflächen stark in Mitleidenschaft zog. Ab den 1980er-Jahren erkannte man die Schutzbedürftigkeit des Gebiets. Der Torfabbau kam zum Erliegen, und einige der Torfhütten, sogenannte Toobeschopfe, wurden saniert. Auf gut der Hälfte der Strecke erwartet einen das kleine Toobeschopf Museum mit allerlei Wissenswertem zur Entstehung der Moore und der Geschichte des Torfabbaus in der Region.

Vor Ort gibt es zudem ein Unterarmbad nach Kneipp. Nach der Abkühlung geht es weiter auf grünen Wiesen und an einem Golfplatz vorbei. Gerade ist ein Ball in einem der Teiche verschwunden. Die Golfer:innen schauen etwas ratlos und unternehmen Rettungsversuche, aber scheinen dann doch aufzugeben. Von oberhalb erklingt das helle Läuten von Kuhglocken, und wenn man genau schaut, sieht man ein paar der Tiere auf einer der grünen Weiden. An einem Bach wachsen Rohrkolben in die Höhe. Die Pflanze, die ihren Namen ihrem kolbenförmigen Blütenstand verdankt, ist ein wertvolles Allroundtalent: Sie bindet mehr CO_2 als ein Nadelwald auf gleicher Fläche und ist außerdem ein hervorragender Bau- und Dämmstoff.

Dann ist der Endpunkt des Barfußweges an der Haltestelle Gontenbad in Gonten erreicht. Bis hierhin sind es knapp fünf Kilometer, und eine Rückfahrt mit der Appenzeller Bahn wäre

Die Appenzeller Schaukäserei in Stein gibt einen spannenden Einblick in die Herstellung des berühmten Käses.

möglich, aber das Barfußlaufen tut so gut, dass es auf dem gleichen Weg zurück zum Campingplatz geht, wo der Tag mit Blick in die grüne Landschaft ausklingt – am besten immer noch barfuß.

Für die Fahrt am nächsten Tag müssen die Füße dann aber doch wieder in ihre Schuhe. Zunächst steuert man Stein an, genauer gesagt die Appenzeller Schaukäserei (www.schaukaeserei.ch/de). Dort lässt sich hinter die Kulissen des berühmten Käses aus der Region blicken. Dies ist eine von rund 50 Dorfkäsereien, die Appenzeller herstellen.

An der Kasse gibt es ein Kräutersäckli und ein Vesper-Tröckli mit verschiedenen Appenzeller Sorten zum Probieren. Die Ausstellung ist eine Entdeckungsreise durch das Appenzellerland mit Informationen zu Kultur, Landschaft und natürlich dem Käse. Von oben blickt man auf die Produktion. In einem riesigen Kessel dreht sich unermüdlich das, was bald zu köstlichem Käse werden soll. Die Molke, die beim Verkäsungsprozess entsteht, steht zum Probieren bereit, außerdem besichtigt man noch den riesigen Käsekeller, in dem unzählige Laibe lagern. Am Ende befüllt man sein Kräutersäckli mit einer eigenen Kräutermischung – vielleicht kommt man dem Geheimnis des würzigen Käses so auf die Spur. Insgesamt ein spannender Einblick!

Im angrenzenden Laden packt man noch ein Stück von seiner Lieblingssorte für zu Hause in den Einkaufskorb, und weiter geht es nach

Wasserauen zur Talstation der Luftseilbahn Ebenalp (www.ebenalp.ch). Dafür fährt man durch Appenzell, einen Hauptort der Region und das touristische Zentrum, allerdings wohnen hier weniger als 6000 Menschen. Hinter Appenzell wird die Umgebung wieder ländlicher. Die Straße verläuft ein gutes Stück parallel zu den Schienen der Appenzeller Bahn. Umgeben von grünen Hügeln und Gipfeln, wird das Wohnmobil schließlich geparkt. Am blauen Himmel über dem Parkplatz schweben bunte Punkte. Es sind die Schirme zahlreicher Gleitschirmflieger:innen, die hoch oben starten, um dann langsam ins Tal zu gleiten.

Mit der Luftseilbahn fährt man nun über 700 Meter am steilen Felsen entlang nach oben zur Bergstation auf 1590 Metern. Von hier führen gut ausgeschilderte Wanderwege durch die Berge. Erstes Ziel sind die Wildkirchlihöhlen. Sie erlangten besondere Berühmtheit, als 1904 erstmals Ausgrabungen bewiesen, dass sich Neandertaler auch im Alpenraum aufhielten. Der Wanderweg verläuft leicht bergab. Von der rechten Seite schauen ein paar Kühe prüfend, wer da entlangkommt, und widmen sich kurz darauf wieder der saftigen Wiese. Auf der linken Seite machen sich Paragleiter bereit zum Start. Dann nimmt der erste auch schon Anlauf, hebt ab und gleitet in einem Bogen sanft durch die Luft. Ein zweiter kommt direkt hinterher. Bald werden sie kleiner und verschwinden schließlich aus dem Sichtfeld.

Nach wenigen Minuten ist der Eingang zu den Höhlen erreicht. Der Wanderweg führt mitten

Eine Wanderung in den Bergen macht hungrig – da ist eine kleine Brot- bzw. Käsezeit sehr willkommen.

durch den Berg. Plötzlich wird es laut. Jemand fährt Getränkekisten mit einem motorisierten Transportwagen, einem Raupendumper, durch die Höhle nach oben. Diese kommen wohl vom nahe gelegenen Berggasthaus Aescher (aescher.ch). Auch heute noch muss eben erst alles auf den Berg transportiert werden – und einiges natürlich wieder hinunter. Nach wie vor ist das eine kleine logistische Herausforderung, denn das Gasthaus verfügt weder über eine Zufahrtsstraße noch über eine eigene Transportbahn. Das meiste wird mit der Luftseilbahn transportiert, ab und zu kommt ein Hubschrauber zum Einsatz. Also alles nicht so einfach, aber dafür beeindruckt das Aescher umso mehr mit seiner Lage: Nachdem man die Höhle verlassen hat, geht es noch um eine Kurve, schon taucht das Gasthaus angeschmiegt an den Berg vor einem

auf. Seit 1860 steht es da und ist somit eines der ältesten Berggasthäuser der Schweiz.

Grund genug, es sich auf der sonnigen Terrasse mit Blick auf die Berge und ins Tal bequem zu machen. Die Speisekarte enthält Köstlichkeiten für den kleinen und den Bärenhunger. Schließlich landet ein hausgemachter Käsefladen mit Appenzeller Käse erst auf dem Teller und dann im Magen. Hier oben schmeckt der Käse noch besser als zuvor in der Schaukäserei. Es fällt nicht leicht, sich von dieser Aussicht loszureißen, aber irgendwann muss es weitergehen.

Der zweite Teil der Wanderung wird um einiges anstrengender als der bequeme Weg nach unten. Man folgt den Schildern Richtung Ebenalp. Unterwegs ist wieder das bekannte Klingeln zu hören, aber diesmal sind es keine Kühe. An einem Hang ist eine Herde Ziegen unterwegs. Felsige Wege führen stetig nach oben, bis man etwas atemlos die Ebenalp und die Bergstation der Luftseilbahn vor sich sieht. Die nächste Bahn bringt einen zurück ins Tal. Sanft nach unten schwebend, kann man so noch einmal die komplette Schönheit dieses Landstrichs überblicken. Anschließend erfolgt die Rückfahrt zum Campingplatz Jakobsbad.

Am nächsten Vormittag steht die Rückreise an. Zum gemütlichen Abschluss der Tour wird noch ein Zwischenstopp im Appenzeller Heilbad (www.heilbad.ch) in Unterrechtstein eingelegt. Das Bad ist zwar recht klein, verfügt aber über eine Sauna- und eine Bäderlandschaft sowie einen Fitnessbereich. Draußen wie drinnen kann man sich in den 34 Grad Celsius warmen Becken herrlich entspannen.

Nach der Bergluft folgt die Erholung im Appenzeller Heilbad.

Das Wasser stammt aus einer eigenen Quelle und enthält verschiedene Mineralien und Spurenelemente. Zudem gibt es zwei Grotten: eine mit 20 Grad Celsius kaltem Wasser und eine mit 38 Grad Celsius warmem Wasser – perfekt für ein Wechselbad. Im Anschluss lädt der Garten mit Blick auf die Natur dazu ein, eine weitere Barfußrunde zu drehen. An kühleren Tag bieten zwei Saunen und ein Sole-Dampfbad willkommene Erholung.

In einer der zahlreichen Ruhezonen kann man danach entspannen, ein gutes Buch lesen und das Wochenende ganz genüsslich ausklingen lassen.

FAZIT: BARFUß LOSGEHEN UND MIT GANZ VIEL KÄSE IM GEPÄCK ZURÜCKKOMMEN.

On the Road: In der Schweiz gilt auf allen Autobahnen Vignettenpflicht. Diese kann man an einer der zahlreichen Verkaufsstellen ab Grenznähe kaufen. Von der Grenze in der Nähe von Lindau am Bodensee sind es über Österreich rund 60 km bis zum Campingplatz Jakobsbad. Bis zur Schaukäserei in Stein fährt man 15 km. Danach geht es zur Talstation der Luftseilbahn Ebenalp ins 16 km entfernte Wasserauen. Auf der Rückreise am dritten Tag erfolgt noch ein Zwischenstopp im Appenzeller Heilbad, das sich 29 km entfernt vom Campingplatz befindet.

Beste Zeit: Mai bis Oktober.

Dauer & Strecke: Ein Wochenende. Der Barfußweg ist 5 km lang (einfache Strecke). Läuft man hin und zurück, benötigt man für die 10 km 2,5 Std. Für den Ausflug zur Ebenalp mit dem 2 km langen Rundweg sollte man 3 Std. einplanen.

Ausrüstung: Sonnencreme für Hautschutz in den Bergen, ein gutes Buch und Badesachen für das Heilbad.

Wenn es Nacht wird: Campingplatz Jakobsbad in Gonten (camping-jakobsbad.ch).

ÖSTERREICH

→ ÖSTERREICH ...

WOHLFÜHLEN VON KOPF BIS FUß

#18

Im Kneipp Garten in Klösterle sorgen Wassertreten und Barfußlaufen für Wohlbefinden. Weitere Erholung gibt es auf über 1900 Metern Höhe bei einer entspannten Wanderung um den Lünersee. In Rankweil trainiert man Körper und Gehirn beim Neuromobility-Training.

#kneippen #Höhenluft #GenussZeit #NeuroAthletik

Das Wochenende startet in der österreichischen Gemeinde Klösterle direkt am Fuße des Arlbergs. Doch heute ruft nicht der Berg, sondern der örtliche Kneipp Garten Alfenz, der 2021 eröffnet wurde.

Während sich im Naturschwimmbad die Leute tummeln, ist der Garten gegenüber fast komplett menschenleer. Betritt man die Anlage, umgeben einen grüne Gräser, Wiesen, Büsche und bunt blühende Blumen. Das Prinzip des Kneippens ist weithin bekannt: Neben der Ernährung, der Verwendung von Heilpflanzen und dem Barfußlaufen sind Wasseranwendungen zentrales Element der Therapie. Und so verwundert es nicht, dass sich im Zentrum des Gartens ein rundes, mit kühlem Wasser gefülltes Becken befindet. Darin kann man mit Blick auf die Berge seiner Gesundheit mit Wassertreten Gutes tun. Danach geht es direkt weiter auf einen kleinen Barfußweg. Auf nackten Sohlen zu laufen, kräftigt die Fußmuskulatur, massiert die Fußreflexzonen und sorgt so für Wohlbefinden. Es soll sogar Stress abbauen und das Immunsystem nachhaltig stärken. Auf jeden Fall tut es unglaublich gut, auf dem eigens angelegten Pfad genussvoll Schritt für Schritt zurückzulegen. Am Ende der kurzen Runde geht es über eine Brücke, die über einen Bachlauf im angelegten Grün führt. Auch ein Wasserfall und verschiedene Sitzgelegenheiten gehören zum Garten. So kann man zwischendurch entspannen und nach einigen Minuten eine weitere Runde Wassertreten oder ein anregendes Unterarmbad in einem Extrabecken einlegen.

Im Kneipp Garten gibt es über 2000 Pflanzen in verschiedenen Bereichen. Dazu gehören ein Kräutergarten, eine Wildblumenwiese so-

Mit der Seilbahn geht es über 400 Meter nach oben zum Lünersee. Nach der Wanderung um den Bergsee hat man sich eine kleine Stärkung mehr als verdient.

wie Obst- und Beerenbeete. Das 1200 Quadratmeter große Areal ist wirklich ein Ort zum Wohlfühlen und um die Seele baumeln zu lassen. Sind Körper und Geist erfrischt, lädt die Umgebung noch zu einer kurzen Wanderung ein. Ganz in der Nähe befindet sich ein Wasserfall, der gut ausgeschildert und schnell zu erreichen ist. Auf dem Weg dorthin stößt man im Wald auf eine kleine Kapelle aus Holz und mit farbenfrohen Fenstern. Dann ist auch schon das Rauschen des Nenzigastbaches zu hören. An einer Brücke über den Bach geht es eine Anhöhe nach oben, und man erreicht eine Bank, hinter der der Wasserfall zwischen Felsen hinabstürzt. Hier lässt es sich prima noch etwas sitzen, während die Gedanken vom Tosen des Wassers davongetragen werden.

Völlig relaxt fährt man nun mit dem Wohnmobil weiter. Zunächst über die S16 zwischen den Hügeln und Bergen Vorarlbergs hindurch. Anschließend werden ein paar kleine Ortschaften passiert, in denen die typischen Häuser mit ihren Fensterläden und Holzgiebeln allgegenwärtig sind.

Kurz hinter Bludenz, einer etwas größeren Stadt, geht es in Richtung Berge. Die Straße wird kurvenreicher und steigt langsam, aber kontinuierlich an, bis schließlich Heidis Camping im Alpendorf Bürsenberg erreicht ist. Auf den ersten Blick ist die Einfahrt zum Campingplatz etwas unscheinbar, deswegen Obacht, dass man vor lauter Staunen über die traumhafte Umgebung nicht daran vorbeirollt.

Auf dem Campingplatz genießt man einen traumhaften Blick auf die umliegenden Bergketten. Die Aussicht ist ein gelungener Abschluss dieses entspannten Tages.

Die Alfenz fließt idyllisch durch die kleine Gemeinde Klösterle. Nur wenige Gehminuten entfernt, lässt es sich am Nenzigast-Wasserfall entspannen.

Am nächsten Morgen ist eine Fahrt mit der Lünerseebahn (www.luenersee.at) zum gleichnamigen See geplant. Die Straße, die sich hinauf zur Talstation schlängelt, kann mit dem Wohnmobil befahren werden, allerdings könnte das Ganze die Nerven ziemlich strapazieren. Auf der schmalen Straße sind zahlreiche Serpentinen zu passieren. Besonders aufregend wird es, wenn zwei Busse sich auf einem der engen Abschnitte begegnen. Deutlich entspannter erreicht man die knapp 13 Kilometer entfernte Talstation dagegen mit der Buslinie 580. Die nächste Haltestelle liegt nur wenige Meter vom Campingplatz entfernt. Beim Studieren der Fahrpläne sollte man sicherheitshalber notieren, wann am Abend der letzte Bus von der Lünerseebahn zurückfährt. An der Talstation auf 1568 Metern angekommen, schnappt man sich den zuvor ausreichend mit Getränken vollgepackten Wanderrucksack, und dann geht es zum Ticketkauf. Bald bemerkt man, dass die Lünerseebahn keine herkömmliche Seilbahn mit vielen Gondeln ist, sondern eine Pendelbahn. Das heißt, es gibt lediglich eine große Gondel, die bis zu 65 Personen transportieren kann. So wird man bei bester Aussicht den steilen Berg bis auf 1983 Meter nach oben gebracht.

Vor einem erstreckt sich nun der türkisblaue, von Bergen umrahmte Lünersee. Hier oben ist es etwas kühler, und die Luft ist herrlich klar. An der Bergstation befindet sich die Douglass Hütte (www.douglasshuette.at), aber vor einer Einkehr steht erst einmal eine Rundwanderung um den See auf dem Programm. Vorbei an der Hütte, geht es zunächst über den Staudamm. Ursprünglich war

der Lünersee ein natürlicher Bergsee, der im Jahr 1959 durch eine Mauer aufgestaut wurde und seitdem der Stromgewinnung dient. Anschließend folgt man dem felsigen Weg bergauf und blickt kurz darauf von oben auf die Landschaft mit See, Staumauer und Douglass Hütte. Dieser Abschnitt ist der anstrengendste des sechs Kilometer langen Rundwegs. Bald geht es wieder bergab, und schon ist die Alpe Lünersee erreicht. Ab dieser Stelle ist die

Strecke sogar kinderwagentauglich. Den Rest des Rundwegs kann man sich also voll auf die Schönheit der Natur konzentrieren, indem man die Bergluft ganz tief einatmet und den Blick schweifen lässt. Nach gut zwei Stunden erreicht man wieder die Douglass Hütte, die einen mit ihren schattigen Tischen und einer herrlichen Aussicht auf den See erwartet.

Zur Erfrischung gibt es ein »Himbi«, ein wohltuendes Getränk mit Himbeergeschmack. Auch der Apfelstrudel muss probiert werden, der in der klaren Höhenluft mit diesem Panorama ganz fantastisch schmeckt. Neben einem Restaurant bietet die Douglass Hütte auch Übernachtungsmöglichkeiten. Kurz keimt der Wunsch auf, bis zum nächsten Tag dort oben zu bleiben, doch der Blick in das Buchungstool zeigt, dass bereits alle Zimmer und Schlafplätze belegt sind. So geht es also wieder nach unten – und zwar zu Fuß. Der Abstieg ist teilweise sehr steil und rutschig und sollte deshalb nur mit gutem Schuhwerk und bei Trittsicherheit in Angriff genommen werden. Über schmale Pfade schlängelt sich der Weg stetig bergab, bis man endlich wieder auf dem Parkplatz ankommt. Die nächsten Kurven werden erneut rollend mit dem eigenen Camper oder im Bus zurückgelegt, um im Anschluss eine weitere Nacht auf Heidis Camping zu verbringen. Am Morgen blinzelt die Sonne langsam hinter den Bergen hervor. Der Vormittag ist entschleunigt, und auch auf der Weiterfahrt mit dem Wohnmobil bleibt die Entspannung mit an Bord.

Über die A 14 führt der Weg nach Rankweil, wo der Camper geparkt wird. Von hier aus geht

Keine Müdigkeit vorschützen! Die Tour endet sportlich. In Rankweil wartet ein abwechslungsreicher Neuromobility-Fitnessparcours. Hier ist garantiert für jeden etwas dabei!

es zu Fuß zum sogenannten Schafplatz. Dieser Platz im Wald bildet den Startpunkt eines Neuromobility-Fitnessparcours mit 15 Stationen. Beim neurozentrierten Training wird auch das Gehirn gezielt angesprochen und die Kommunikation zwischen Umwelt, Gehirn und Körper verbessert. Ziel ist es, das Gehirn so zu trainieren, dass schnelle Bewegungen sicher ausgeführt werden und der Gleichgewichtssinn verbessert wird. Die Übungen des Parcours wurden von Konrad Höfinger, einem Salzburger Sportwissenschaftler, entwickelt und angeordnet. Auf dem rund 2,5 Kilometer langen Parcours gibt es verschiedene Dehn-, Kräftigungs- und Balanceübungen, die alle ausführlich beschrieben sind. Zur Unterstützung kann man außerdem QR-Codes scannen und so Erklärvideos aufrufen.

Los geht es mit verschiedenen Nervendehnungen, gefolgt von Mobilitätsübungen für Füße, Hüfte, Kopf und Arme. Auf einem Fußparcours läuft man barfuß über verschiedene Untergründe. Zwischen den Stationen spaziert man durch den angenehm duftenden Wald. Insbesondere an den Stationen für Kräftigungsübungen befinden sich entsprechende Vorrichtungen, um die Übungen absolvieren zu können.

Am Ende des Parcours hat man nicht nur seinem Körper Gutes getan, sondern auch eine Reihe neuer Trainingsansätze und Übungen im Gepäck. Selbst versierte Sportfans werden neue Erkenntnisse mit in den Alltag nehmen können.

Zurück am Parkplatz, fällt eine Quelle mit frischem Wasser auf. Dort kann man mit Blick zu der auf einem Felsen thronenden Basilika Rankweil noch seine Trinkflaschen auffüllen, bevor der Heimweg angetreten wird.

FAZIT: EIN ERHOLSAMES WOCHENENDE FÜR KÖRPER UND GEIST.

On the Road: In Österreich gilt auf allen Autobahnen Vignettenpflicht. Diese kann man vorab als E-Vignette online kaufen oder besorgt sie an einer der zahlreichen Verkaufsstellen ab Grenznähe. Von der österreichisch-deutschen Grenze bei Lindau am Bodensee sind es gut 80 km bis zum Kneipp Garten Alfenz in Klösterle. Danach geht es zu Heidis Camping im Alpendorf Bürsenberg (32 km). Bis zur Talstation der Lünerseebahn sind es 13 km. Alternativ fährt von der Haltestelle Bürserberg Gemeindeamt Bus 580 bis dorthin. Unter www.vmobil.at/bus-bahn/das-vvv-liniennetz/linie-580 ist der Fahrplan zu finden. Von Heidis Camping zum Parkplatz in Rankweil sind es 29 km.

Beste Zeit: Juni bis September. Da der Lünersee auf fast 2000 m Höhe liegt, ist die Wanderroute meist nur in dieser Zeit schneefrei.

Dauer & Strecke: Ein Wochenende. Der Besuch des Kneipp Gartens und des 0,5 km entfernten Wasserfalls dauert etwa 2 Std. Für den 6 km langen Rundwanderweg um den Lünersee benötigt man 2 Std. Weitere 45 Min. sollte man für den Abstieg zurück zur Talstation einplanen. Für die 15 Stationen des Neuromobility-Fitnessparcours in Rankweil nimmt man sich etwa 1,5 Std. Zeit.

Ausrüstung: Wanderschuhe, Fitnesskleidung für den Neuromobility-Fitnessparcours in Rankweil.

Wenn es Nacht wird: Heidis Camping (www.burtschahof.at).

→ ÖSTERREICH …

VON KLAMM ZU KLAMM

Von der Gleirschklamm zur Leutascher Geisterklamm und dazwischen ein Abstecher zum Zirbenweg, der auf rund 2000 Metern Höhe durch einen der größten Zirbenbestände Europas führt: Für diese Tour sollte nicht nur man selbst fit sein, sondern auch der Camper, denn die Straßen haben Anstiege von bis zu 16 Prozent.

#Geisterstunde #Grenzerfahrung #Bergpanorama

Oben: Der Stellplatz Scharnitz liegt idyllisch zwischen den Bergen. Unten: Der Zirbenweg verläuft auf rund 2000m Höhe durch einen der größten Zirbenbestände Europas.

Nur zwei Kilometer von der deutschen Grenze entfernt, rollt der Camper langsam auf den von Bergen umgebenen Parkplatz. Hier wird er in einer möglichst gemütlichen Position geparkt, denn dies ist gleichzeitig ein Stellplatz und wird als Nachtlager dienen.

Bevor man sich der Schönheit der Umgebung widmet, muss man aber noch Kleingeld zusammensuchen, denn der Parkscheinautomat vor Ort nimmt lediglich Münzen an. Klong, klong, klong ..., eine Münze nach der anderen verschwindet darin, und schließlich erhält man einen Parkschein für die nächsten 24 Stunden. Wenige Meter weiter befindet sich alternativ der Campingplatz Karwendelcamp, der heute allerdings bereits voll belegt ist.

Erst einmal die klare Bergluft einatmen, dann wird auch schon der Wanderrucksack geschultert, und es kann losgehen. Ziel ist die gut fünf Kilometer entfernte Gleirschklamm.

Den Weg dorthin erreicht man, indem man über den Campingplatz und ein Stück durch den Ort zum Länd-Parkplatz läuft, wo die Beschilderung der Wanderrouten beginnt.

Der Pfad führt durch den angenehm schattigen Wald, zwischen dessen Bäumen immer wieder das helle Blau der Isar leuchtet. Hier ist sie noch ein kleiner Fluss, der durch ein helles Bett talwärts fließt. Kein Wunder, denn der Ursprung der Isar liegt lediglich rund zwölf Kilometer entfernt. An einem Abschnitt, an dem das Flussbett besonders breit ist, geht es direkt nach unten. Der Ausflug wird etwas länger dauern, als geplant, denn dieser herrliche Ort lädt zum Verweilen ein. Das Wasser der Isar verzweigt sich in mehrere einzelne Arme und ist so flach, dass man ohne Probleme auf die kleinen Inseln im Fluss gelangt.

Weiter durch den Wald. Auf ungefähr halbem Weg zur Klamm passiert man die Scharnitzer Alm, eine urgemütliche kleine Gastwirtschaft. Kurz darauf ist in der Ferne das Klingeln von Glocken zu hören. Das Geräusch kommt immer näher, und plötzlich steht mitten zwischen den Bäumen ein halbes Dutzend Kühe. Sie schauen kurz auf, lassen sich aber nicht aus der Ruhe bringen. Dann ist auch schon der Einstieg in die Gleirschklamm erreicht.

Über Holzstege und Brücken wandert man entlang des türkisfarbenen, glasklaren Wassers, dass immer wieder Abhänge hinabstürzt oder kleine Stromschnellen bildet. Umrahmt

Mit der Patscherkofelbahn geht es zum Startpunkt des Zirbenwegs. Rechts: Glasklar tost das Wasser durch die Gleirschklamm.

wird das beeindruckende Schauspiel von meterhohen Felswänden. Auch im Sommer ist die Luft angenehm kühl. Der Weg durch die Klamm erfordert eine gewisse Trittsicherheit und Schwindelfreiheit, aber dafür wird man mit einzigartiger Naturschönheit belohnt. Am Ende der Klamm kehrt man auf dem gleichen Weg wieder zurück und lässt das Spektakel noch einmal aus der anderen Richtung auf sich wirken. Danach macht man eine Pause auf dem kleinen Rastplatz mit Sitzgelegenheiten. Jetzt ist ein guter Zeitpunkt, die Füße im Gleirschbach zu erfrischen, bevor es zurückgeht. Vorbei an den Kühen, die immer noch an derselben Stelle herumstehen, der Alm und entlang der Isar gelangt man wieder zum Stellplatz, wo der Tag ausklingt.

Am nächsten Morgen steht eine Wanderung auf dem sieben Kilometer langen Zirbenweg an. Dazu wird der Camper startklar gemacht, und es geht Richtung Patscherkofelbahn. Auf der B177 rollt das Fahrzeug durch die österreichische Landschaft, die geprägt ist von Wäldern und Bergen. Bei Hochzirl führt die Straße steil bergab. Auf der Gegenfahrbahn schnauft ein älteres Wohnmobil langsam den Berg hoch. Dann ist die Autobahn 12 erreicht. Kurz vorm Ziel wird eine kleine zusätzliche Streckenmaut fällig, und schließlich erreicht man den Parkplatz der Talstation der Patscherkofelbahn (www.patscherkofelbahn.at). Vor Ort sind Zirbenweg-Rundwandertickets erhältlich: Sie enthalten die Bergfahrt mit der Patscherkofelbahn, die Talfahrt mit der Glungezer Bahn sowie eine Busfahrt, um am Ende wieder den Ausgangspunkt zu erreichen. Beim Kauf an der Kasse gibt es gleich noch ein Kärtchen mit einer Übersicht der Busverbindungen dazu.

Nun wird eine der bequemen Gondeln der Patscherkofelbahn bestiegen, und es geht in Richtung Gipfel. Der Wind pfeift, dazwischen klingeln die typischen Kuhglocken. Die Talstation wird immer kleiner und die Aussicht immer grandioser. An der Mittelstation auf 1716 Metern wird die Bahn langsamer, um dann den Endspurt zur Bergstation auf 1965 Metern anzutreten.

Oben angekommen, hält man sich links und steht schon am Eingang des Zirbenwegs, der durch einen der ältesten und größten Zirbenbestände Europas führt. Die Route verläuft auf rund 2000 Metern Höhe und bietet einen fantastischen Blick auf die umliegenden Gipfel sowie hinab ins Tal, in dem Innsbruck liegt. Es geht immer nur sanft bergauf und bergab. Insgesamt gibt es keine großen Höhenunterschiede, sodass der Panoramaweg leicht zu bewältigen ist. Unterwegs stößt man auf

Nur wenige Kilometer von ihrer Quelle entfernt, lädt die Isar mit ihrem kühlen Wasser Wandernde zu einer Pause ein.

mehrere Informationstafeln mit Wissenswertem zu einheimischen Tieren und Bäumen, besonders natürlich zur Zirbe, und zur Natur in höheren Lagen. Die Luft ist klar, gelegentlich zirpt es zwischen den Gräsern, und in der Ferne hört man immer wieder Rufe von Vögeln.

Beseelt von der herrlichen Aussicht, macht sich fast Enttäuschung breit, als die Tulfeinalm (www.tulfeinalm.at) und damit das Ende des Zirbenwegs in Sicht kommt. Noch ist ausreichend Zeit, um Platz zu nehmen und bei einem kühlen Getränk die Beine zu entspannen und die Aussicht zu genießen.

Im Anschluss geht es in einer der Gondeln der Glungezer Bahn (www.glungezerbahn.at) in zwei Abschnitten ins Tal. Unten blickt man unweigerlich und sehnsüchtig nach oben, wo man eben noch die Ruhe der Berge genießen konnte. Bald sammelt der Bus eine ganze Ladung Wanderbegeisterte ein und fährt zurück zum Ausgangspunkt der Tour an der Patscherkofelbahn. Nach einmal Umsteigen erreicht man wieder den Parkplatz. Inzwischen stehen die Gondeln der Bahn still, die um diese Zeit nicht mehr verkehrt. Nun wird der Rückweg nach Scharnitz angetreten. Dieses Mal muss der Camper die steile Etappe bergauf meistern. Auf dem Stellplatz heißt es wieder Kleingeld zusammensuchen, um am Parkautomaten ein neues Ticket ziehen zu können. Der Tag klingt bei einem Glas Wein mit Blick auf die Berge aus.

Am nächsten Morgen folgt der Besuch einer weiteren Schlucht. Von Scharnitz fährt man

zur neun Kilometer entfernten Leutascher Geisterklamm. Trotz der kurzen Distanz wird auf der Strecke zweimal die Grenze passiert: Erst geht es nach Deutschland, und ganz knapp vor dem Ziel überquert man die Grenze wieder nach Österreich.

Direkt an der Klamm befindet sich ein großer Parkplatz. Eine Informationstafel weist zwei mögliche Wege aus – die kleine (500 Meter) und die große Klammrunde (3,2 Kilometer). Da fällt die Wahl nicht schwer: Sie fällt natürlich auf die große Runde! Unterwegs erzählen verschiedene Geister Interessantes zur Schlucht sowie ihren Pflanzen und Tieren. Der gut gesicherte Pfad verläuft oberhalb der türkisblauen Ache. Beim Blick nach unten auf das dahinströmende Wasser kann einem schwindelig werden. Eine Brücke führt auf die andere Uferseite, und weiter geht es auf dem Weg direkt an der steilen Felswand entlang. Immer wieder ergeben sich neue, spannende Aussichten auf dieses Naturschauspiel. Eine weitere Brücke führt von der Klamm weg in den grünen Bergwald hinein. Bald erblickt man ein altes Schild, das mit Aufklebern übersät ist: Achtung, Staatsgrenze! Hier verläuft die Grenze zwischen Österreich und Deutschland. Ein Schritt genügt, und die Grenze ist überquert. Linker Fuß in Deutschland, rechter Fuß in Österreich – dieser kleinen Spielerei lässt sich kaum widerstehen. Anschließend wandert man weiter durch den ruhigen Wald und erreicht kurz darauf wieder den Parkplatz.

Zu schade, dass sich das Wochenende schon dem Ende zu neigt. Nachdem man den Cam-

Entlang des Zirbenwegs eröffnet sich ein atemberaubendes Panorama auf die Karwendelkette (links). Auf dem Weg zur Gleirschklamm (Mitte) passiert man die idyllische Scharnitzer Alm.

per gestartet hat, kann man noch einmal ganz genau lauschen, vielleicht hört man dann zum Abschied ein letztes Mal das Rauschen des Wassers in der Klamm und vielleicht sogar das Klingeln von Kuhglocken.

FAZIT: IMPOSANTE BERGE, KRISTALLKLARES WASSER UND FASZINIERENDE KLAMMEN – ÖSTERREICH PUR!

On the Road: Von der österreichisch-deutschen Grenze in der Nähe von Mittenwald sind es gerade einmal 2 km bis zum Stellplatz in Scharnitz, zum Parkplatz der Patscherkofelbahn 40 km und zur Leutascher Geisterklamm 9 km. Achtung: In Österreich gilt auf allen Autobahnen Vignettenpflicht. Diese kann man vorab als E-Vignette online oder an einer der zahlreichen Verkaufsstellen ab Grenznähe besorgen. Zusätzlich wird auf manchen Strecken eine Streckenmaut fällig, die man direkt vor Ort zahlt.

Beste Zeit: Zwischen Juni und Oktober.

Dauer & Strecke: Ein Wochenende. Für die Wanderung zur Gleirschklamm und zurück (10 km) benötigt man mit Pausen gut 3,5 Std. Die Tour zum Zirbenweg ist ein Tagesausflug. Die Wanderung (7 km) selbst dauert ca. 2,5 Std. Dazu kommen die Gondel- und Busfahrten. Bei der Planung der Pausen unbedingt im Blick behalten, wann der letzte Bus zurück zur Patscherkofelbahn fährt. Für die große Klammrunde der Leutscher Geisterklamm (3,2 km) braucht man ca. 1,5 Std.

Ausrüstung: Ausreichend Kleingeld für den Parkautomaten am Stellplatz, Sonnencreme.

Wenn es Nacht wird: Stellplatz Parkplatz Scharnitz ohne Services. Für nicht autarke Camper liegt direkt nebenan der Campingplatz Karwendelcamp (www.karwendelcamp.com).

ZWISCHEN BERGEN UND SEEN

... im Salzkammergut

Zahlreiche Seen und ebenso viele Gipfel: Im Salzkammergut geht es zunächst hoch hinauf, anschließend warten die umliegenden Seen auf ihre Erkundung und einen Sprung ins erfrischende Nass. Direkt am Traunsee steht dann noch ein alpiner Steig mit fantastischen Aussichten auf dem Programm.

#Seensucht #eineBootsfahrtdieistlustig #Miesweg

Karibisches Flair am Attersee. Der Tunnel oberhalb des Mieswegs bringt willkommene Abkühlung.

Am Westufer des Mondsees ragt eine riesige Felswand 700 Meter fast senkrecht in die Höhe: die Drachenwand in St. Lorenz. Sie verdankt ihren Namen einer Sage, wonach einst ein Drache in einer Höhle in der Felswand lebte. Natürlich wurde er von einem tapferen Ritter besiegt, sodass die Drachenwand heute ohne Sorge vor erschreckenden Sagengestalten erklommen werden kann.

Hinauf führen ein alpiner Steig sowie ein Klettersteig. In unmittelbarer Nähe gibt es weitere beeindruckende Gipfel. Einer davon, nämlich der Almkogelgipfel, ist das Ziel der heutigen Wanderung.

Der Weg startet am Parkplatz. Ein gelbes Wanderschild verkündet, dass es bis zum Almkogel anderthalb Stunden sind. Es geht bergauf durch den schattigen Wald, und nach wenigen Minuten erreicht man schon die Theklakapelle am Fuß der Drachenwand. Das gelbe Gebäude mit dem Holzdach ist innen mit Gebetsbänken und einem hübsch verzierten Altar ausgestattet.

Von dort aus führt der schmale Pfad weiter nach oben. Bald erhascht man den ersten Blick auf den Mondsee, über den weiße Segelboote ihre Runden drehen. Vor einem liegt ein weiterer steiler Anstieg, während im Rücken

die Drachenwand zwischen den Bäumen emporragt. Über Wurzeln geht es stetig bergauf. Gute Wanderschuhe, Trittsicherheit und eine gewisse Grundkondition sind ein Muss. Insgesamt werden gut 500 Höhenmeter bis zum Gipfel überwunden. Unterwegs sieht man immer wieder den schimmernden Mondsee, zudem dreht ein Hubschrauber der Bergrettung vorsorglich seine Runden.

Endlich ist der Gipfel auf 1030 Metern erreicht. Hat einem zuvor der steile Anstieg den Atem geraubt, so übernimmt dies jetzt die Aussicht auf den See, der einem buchstäblich zu Füßen liegt. Die heimlichen Stars des Gipfels sind jedoch zwei Raben, die auf den Felsen sitzen und sich nicht daran stören, dass sie ständig fotografiert werden.

Nach einer ausgedehnten Pause am Gipfelkreuz ist es an der Zeit, den Abstieg in Angriff zu nehmen. Dieser kann auf dem gleichen Weg wie der Aufstieg erfolgen, allerdings hat ein Rundweg auch seinen Reiz. Deswegen geht es am gelben Wanderschild, das kurz vorm Gipfel den Weg weist, in Richtung Eibensee und Fuschl. Nur wenige Meter weiter zweigt der Pfad erneut ab. Hier biegt man links nach Michlofen und zum Scharflingpass ab (Wanderweg 16).

Zunächst folgt man den Schildern in Richtung Scharflingpass und nimmt die Abzweigung nach Michlofen. Es geht bergab durch den Wald immer näher zum See und auf einem breiten Pfad an einer imposanten Felswand entlang, die etwa drei Meter hoch und von

Auf dem Almkogelgipfel (links) liegt einem der Mondsee zu Füßen. Bevor es mit dem Boot zum Miesweg (rechts) geht, lohnt ein Blick auf das eindrucksvolle Gmundener Rathaus mit dem einmaligen Keramik-Glockenspiel.

üppigem Grün bedeckt ist. Beim Passieren dieses Abschnitts steigt ein angenehmer, blumiger Duft in die Nase. Schnell erreicht man die Landstraße 154, die direkt am Mondsee verläuft. Über den Fußweg geht es am See zurück, und nach insgesamt fast zehn Kilometern gelangt man schließlich wieder zum Ausgangspunkt am Parkplatz.

Genug gelaufen für heute! Jetzt wird der Campingplatz für die kommende Nacht angesteuert. Also folgt man nun ganz bequem im Sitzen noch einmal der Strecke, auf der man gerade noch gewandert ist. Nach wie vor kann man sich kaum sattsehen an dieser wunderschönen Landschaft. Zur Linken der Mondsee, rechts schroffe Felswände und voraus die Gipfel weiterer Berge. Die Felsen werden bald von Wiesen und baumbewachsenen Hügeln abgelöst. Unterwegs durchfährt man den über einen Kilometer langen Kienbergwand-Tunnel. Hat man den Mondsee hinter sich gelassen, erreicht man kurz darauf den Attersee, mit 45,9 Quadratkilometern der größte See in Österreich. Der Bodensee sowie der Neusiedlersee sind zwar größer, liegen aber nicht komplett in dem Alpenland.

Die Straße windet sich am Ufer entlang bis nach Steinbach am Attersee mit der Einfahrt zum Camping Grabner. Da der See ein beliebtes Reiseziel ist, sollte man vorab reservieren. Die Parzellen auf dem Platz sind recht übersichtlich, dafür gibt es einen direkten Zugang zum See. So kann der nächste Tag mit einem beherzten Sprung in das karibisch türkisfarbene Wasser starten.

Anschließend geht es direkt weiter zum Traunsee, genauer nach Gmunden. Am Wasser liegt ein großer Parkplatz – perfekt, um das Wohnmobil zu parken und die Umgebung zu erkunden.

Bis zum wunderschönen Rathaus des Ortes sind es von dort aus nur wenige Hundert Meter. Einmal über die Brücke und die Traun, die hier den Traunsee wieder verlässt, schon steht man mitten in der Stadt. Das beeindruckende Rathaus, dessen kunstvolle Fassade in Weiß und Grün erstrahlt, ist nicht zu übersehen. Es stammt aus dem 16. Jahrhundert, seine

Stuckdekoration aus dem 18. Jahrhundert. Darüber hinaus fällt sein außergewöhnliches, in Österreich einmaliges Keramik-Glockenspiel ins Auge. Dieses wurde in der Meißner Porzellanmanufaktur mit Gmundner Dekor gefertigt, da die Gmundner Keramik sich als nicht klangtauglich erwies. Das Glockenspiel ertönte erstmals 1958, damals noch mit 18 Glocken unterschiedlicher Größe. 1993 wurde es erweitert und besteht heute aus insgesamt 24 Glocken, die regelmäßig ihre Melodien auf dem Rathausplatz erklingen lassen.

Die gemütliche Stadt lädt zum Schlendern am Wasser und durch die schmalen Gassen ein. Der Gang durch die Kirchengasse, die älteste Gasse Gmundens, gehört dabei unbedingt dazu. Sie führt vom Rathausplatz hinauf zur Pfarrkirche Gmunden.

Nach der Erkundung des Ortes steuert man die Schiffsstation an, von der aus Seerundfahrten starten. Man kann die Boote aber auch als Bus-Ersatz zu verschiedenen Zielen am See nutzen, beispielsweise zum Gasthof Hoisn auf der anderen Uferseite. Wichtig zu wissen: Tickets können nicht mit der Karte gezahlt werden.

Bei schönstem Sonnenschein fährt das Boot über den See und hinterlässt dabei die typischen Wellen in seinem Kielwasser. Ab und an gibt der Bootsführer interessante Details und Geschichten zum Besten. Am Ostufer erhebt sich der Traunstein, dessen Gipfel auf 1691 Metern liegt.

Nach gut 40 Minuten erreicht man den Anleger Gasthof Hoisn (www.hoisnwirt.at) und

Von einer Seite des Traunsee zur anderen gelangt man am besten per Boot (links). Nach einer Wanderung sorgt der See dann für eine Erfrischung. Rechts: Campingplatz Seekirchen am Wallersee.

spaziert in Richtung Parkplatz Umkehrplatz. Ab hier ist ein absolutes Wanderhighlight ausgeschildert: der Miesweg. Eine Forststraße führt zum Einstieg in den alpinen Steig rechts neben einem Tunneleingang. Doch keine Sorge: Zum Begehen des Mieswegs ist keine besondere Ausrüstung erforderlich, lediglich ordentliche Wanderschuhe. Trittsicherheit ist ebenfalls ein Muss. Am Einstieg führen in Stein gehauene Stufen nach oben, dann ver-

Einst rettete ein Klausenwärter sich während eines Unwetters auf einen Baum, an dem ein Bild der heiligen Thekla angebracht war. An diesem Ort wurde dann zum Dank die Theklakapelle errichtet.

läuft der Steig am Fuß des Traunsteins teils über Stege direkt am See entlang. Auch die ein oder andere Leiter ist zu überwinden, aber alles ist gut gesichert. So erlebt man eine abwechslungsreiche Route knapp über der Wasseroberfläche. Immer wieder wird gestoppt, um das atemberaubende Panorama zu bestaunen und Fotos zu machen. Gegen Ende gelangt man an einen kleinen Strand. Dort erfreut sich eine Gruppe gerade am kühlen Nass des leuchtend blauen Sees. Nun folgt der anstrengendste Teil der Wanderung, denn es geht über jede Menge Steinstufen Stück für Stück nach oben, bis man wieder die Forststraße erreicht.

Auf dem Rückweg kommt man durch zwei lange Tunnel, deren angenehme Kühle jetzt wirklich guttut. Der Ausgang des zweiten Tunnels befindet sich direkt neben den Einstieg, an dem der Miesweg zuvor betreten wurde. Anschließend folgt man dem Forstweg bis zum Parkplatz Umkehrplatz. Von hier aus sind es 5,5 Kilometer am See entlang bis zum Parkplatz, an dem das Wohnmobil steht. Auf dem Weg gibt es keinerlei Anstiege, sodass er problemlos zu bewältigen ist. Leider fehlt es einigen Teilen der Strecke an einem Fußweg, aber glücklicherweise ist die schmale Straße nicht stark befahren. Es geht vorbei an kleinen Segelbooten, privaten Badestellen und schicken Häusern. Doch nichts ist so beeindruckend wie der Traunsee, der von Bergen umrahmt in der Sonne glitzert.

Am Camper angekommen, werden die Wanderklamotten blitzschnell gegen Badesachen getauscht, denn nur wenige Meter vom Parkplatz entfernt ist eine öffentliche Badestelle. So sorgt das Seewasser für eine verdiente Abkühlung.

Nach diesem abwechslungsreichen Tag geht es über die schnellste Route, nämlich über die Autobahn A1 (Vignette nicht vergessen!), zum Campingplatz Seekirchen direkt am Wallersee. Er ist der größte See des Salzburger Seenlandes, gehört also nicht zum Salzkammergut. Letztes To-do für heute: den Sonnenuntergang im direkt angrenzenden Strandbad genießen.

Im Kurpark von Gmunden trifft man auf den »Gnom mit dem Kristall«.

Am nächsten Tag steht die Heimreise an. Vorher lädt der Wallersee noch zu einer erfrischenden morgendlichen Schwimmrunde ein. Am Vormittag ist im Strandbad wenig los, und so kann man in aller Ruhe im Wasser entspannen.

FAZIT: IM SALZKAMMERGUT TRIFFT GIPFELGLÜCK AUF SEENLIEBE. EIN UNVERGESSLICHES WOCHENENDE!

On the Road: In Österreich gilt auf allen Autobahnen Vignettenpflicht. Diese kann man vorab als E-Vignette online kaufen oder an einer der zahlreichen Verkaufsstellen ab Grenznähe. Von der österreichisch-deutschen Grenze bei Salzburg sind es rund 40 km bis nach St. Lorenz am Mondsee und von dort 24 km zum Camping Grabner am Attersee. Die Strecke bis zum Parkplatz in Gmunden beträgt 27 km und bis zum Camping Seekirchen am Wallersee 74 km.

Beste Zeit: Frühling bis Herbst. Im Sommer kann es voll werden, deshalb sollten die Campingplätze unbedingt vorher reserviert werden.

Dauer & Strecke: Ein Wochenende. Die Wanderung zum Almkogelgipfel (10 km für die beschriebene Rundstrecke) dauert rund 3,5 Std. Für die 3,5 km lange Wanderung über den Miesweg kann man vom Schiffsanleger bis zurück zum Parkplatz Umkehrplatz mit gut 2 Std rechnen. Für den 5,5 km langen Weg zurück zum Parkplatz, auf dem der Camper abgestellt ist, benötigt man weitere 1,5 Std.

Ausrüstung: Gute Wanderschuhe, Badesachen.

Wenn es Nacht wird: Camping Grabner am Attersee (www.camping-grabner.at), Camping Seekirchen am Wallersee (camping-seekirchen.at).

SONST NOCH WICHTIG

IM NORDWESTEN

DÄNEMARK, NIEDERLANDE, BELGIEN & LUXEMBURG

IM OSTEN

POLEN & TSCHECHIEN

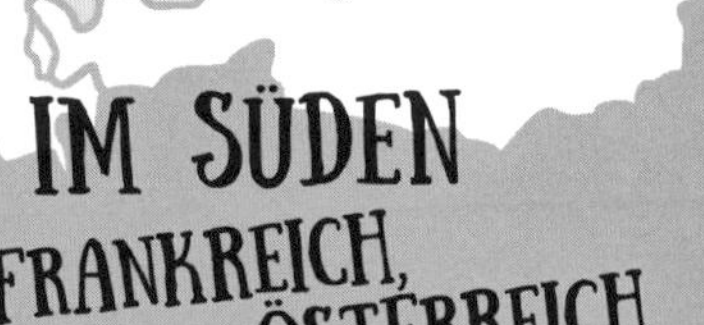

IM SÜDEN

FRANKREICH, SCHWEIZ & ÖSTERREICH

Ein- und Überblick

Eine Karte für den schnellen Überblick, praktische Tipps, mehr über die Autorin sowie ein Ortsregister zum schnellen Nachschlagen gibt es auf den folgenden Seiten.

GPX-Download aufs Smartphone – so geht's

Voraussetzung:
Eine Outdoor-App muss installiert sein, z. B. KOMPASS, Outdooractive oder Komoot. Zum Einlesen des QR-Codes benötigen ältere Android-Geräte eine QR-Code-App. Bei neueren Android- und iOS-Geräten ist diese Funktion in der Kamera integriert.

Daten downloaden:
1. Den QR-Code einlesen oder die Webadresse im Browser eingeben, um auf die Eskapaden-Website zu gelangen.
2. Die gewünschte Tour zum Download anklicken.
3. Bei iOs-Geräten werden die GPX-Daten direkt mit der vorab installierten App verknüpft. Bei Android-Geräten muss ggf. noch ein Weiterleiten-Button geklickt werden (z. B. oben rechts im Display). Manche Apps zeigen den Tourverlauf starr an, andere haben eine Navigationsfunktion dabei.

Tourenverlauf

GPX-Daten zum kostenlosen Download www.dumontreise.de/eskapaden/camper-nachbarlaender

short.travel/1mwji

Ausgeruht ankommen

Das großartige an einem Wohnmobil ist die Flexibilität. Wenn die (An-)Reise also doch einmal länger dauert als gedacht oder sich aus anderen Gründen Müdigkeit einstellt, findet sich bald ein Ort für eine Übernachtung oder einfach nur eine kleine Pause. Bei Touren mit dem Wohnmobil gilt einmal mehr: Entspannt reisen, ausgeruht ankommen.

Sicherheit & Notfälle

Die europäische Notrufnummer lautet 112. Bei einer Panne helfen auch im Ausland Automobilclubs wie der ADAC oder der AvD, sofern man eine Plusmitgliedschaft hat. Alternativ bieten auch Versicherungen entsprechende Schutzbriefe an.

GUT ZU WISSEN …

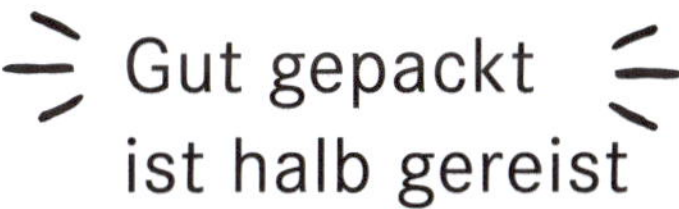

Gut gepackt ist halb gereist

Manche schwören auf Listen, manche packen »einfach so«. Wichtig ist in jedem Fall, das zulässige Gesamtgewicht im Auge zu behalten, um das Mobil nicht zu überladen. Noch ein Tipp für Camping-Anfänger:innen Einmal für einen Tag und eine Nacht vor dem eigenen Zuhause oder zumindest in der näheren Umgebung campen – so merkt man schnell, wenn noch etwas fehlt.

Wohnmobile zum Mieten

Wer kein eigenes Wohnmobil kaufen oder das Campen einfach einmal testen möchte, kann sich ein Wohnmobil für das nächste Camping-Abenteuer mieten. Neben den großen Anbietern wie ADAC und McRent gibt es auch immer mehr kleine und lokale Vermietungen. Ein Preisvergleich lohnt sich.

KLEINER CAMPING-GUIDE …

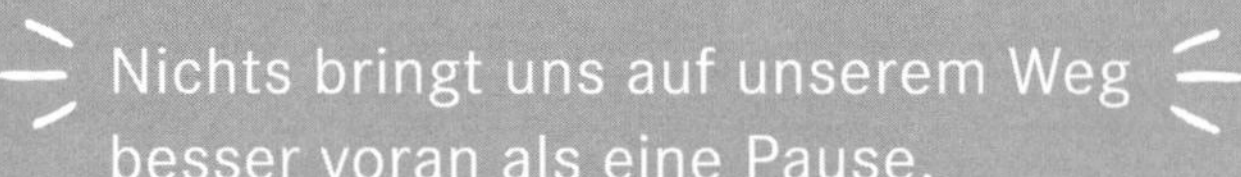

Nichts bringt uns auf unserem Weg besser voran als eine Pause.

Elizabeth Barrett Browning

Europa verfügt über ein dichtes Camping- und Stellplatznetz. Beim Suchen und Entdecken von Campingplätzen können Campingplatzführer wie z. B. von ADAC oder ACSI helfen. Die meisten Plätze sind aber auch einfach in Google Maps zu finden und dort meist mit Website hinterlegt. Um Plätze zu finden, reicht zumeist die Eingabe des Suchbegriffs »camping«.

Auf den meisten Plätzen kann man sich gut auf Englisch verständigen. Manchmal wird sogar Deutsch gesprochen. Sollte die Kommunikation einmal gar nicht klappen, helfen Apps wie »Google Übersetzer«.

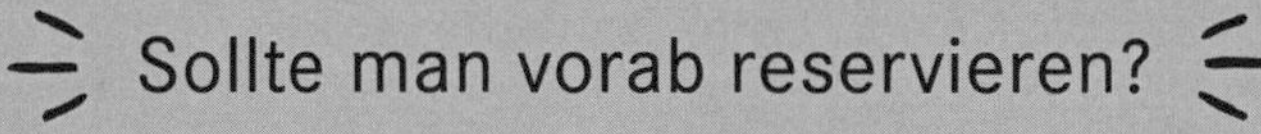

Sollte man vorab reservieren?

Allgemein gilt, dass man im Sommer und auch an langen Wochenenden besser reservieren sollte, um sicher auch einen Platz zu erhalten. In der Nebensaison und fernab von Feiertagen hingegen kann man bei der Stellplatzwahl spontaner sein.

Manchmal findet man auf der Website des Platzes eine Möglichkeit, direkt zu buchen bzw. zu reservieren, manchmal wird um Anruf oder E-Mail gebeten.

Campingplatzkosten!

»Die Schweiz ist teuer und Osteuropa ist günstig«. So pauschal lässt sich das in Bezug auf Campingplätze nicht sagen! Natürlich ist die Schweiz eher hochpreisig und in Osteuropa ist es im Schnitt günstiger. Dennoch sind auch in der Schweiz günstige Plätze zu finden, genauso wie es in Polen überteuerte Plätze gibt. Ein Blick auf die Website vorab kann vor unangenehmen Überraschungen schützen.

Was ist sonst zu beachten?

Auf den meisten Plätzen ist Kartenzahlung möglich. Insbesondere in Tschechien und Polen kann es aber vorkommen, dass nur Barzahlung akzeptiert wird. Es ist also eine gute Idee, Bargeld in der entsprechenden Währung dabeizuhaben. Alternativ ist auch außerhalb des Euroraumes meist die Zahlung in bar in Euro möglich.

Darf man wildcampen?

Nein. In keinem der Länder aus diesem Guide ist das Wildcampen mit Wohnmobil offiziell erlaubt. Natürlich darf man sein Wohnmobil parken, wo das Parken erlaubt und kein entsprechendes Verbotsschild angebracht ist. Das Ausbringen von Markisen, das Herausstellen von Tischen und Stühlen usw. ist beim Parken nicht gestattet.

Maut

In vielen Ländern ist das Befahren von Autobahnen mautpflichtig. Vor einer Reise sollte man also schon einmal prüfen, ob Maut anfällt und ob man Mautstrecken nutzen oder diese meiden möchte. Der ADAC bietet auf seiner Website (maps.adac.de/route) einen Mautrechner sowie zuverlässige Informationen zum Erwerb von Vignetten an. Wichtig: Bei Fahrzeugen ÜBER 3,5 t können andere Mautregeln gelten.

Ahoi!

Eingebettet zwischen zwei Flüssen liegt der *Campingplatz De Rousant* in den Niederlanden, auf dem man in umgebauten Fahrwassertonnen duscht und auf Toilette geht. Eskapade #3

Wo sich Esel und Huhn Gute Nacht sagen

Auf dem *Campingplatz De Vetweide* im niederländischen Achterhoek schläft man fast Tür an Tür mit Eseln, Schweinen, Hühnern und Kaninchen. Ein Erlebnis für die ganze Familie. Eskapade #4

5 BESONDERE CAMPINGPLÄTZE ...

An die Paddel!

Auf dem *Camping Kajaki* in Polen liegen die Kanus direkt vor der Campertür bereit und warten auf einen Ausflug. Eskapade #9

Camping beim Winzer

Auf dem *Bauernhof- und Winzercampingplatz Eric Bimboes* im Elsass gibt es erst eine Weinprobe und dann eine erholsame Nacht unter Schatten spendenden Bäumen im Garten. Eskapade #15

Weitblick und Bergluft

Mit atemberaubendem Blick auf die umliegenden Berge und erfrischender Höhenluft nächtigt man auf *Heidis Camping* in Vorarlberg. Eskapade #18

EINFACHE CAMPING-GERICHTE …

Pasta mit Brokkoli

Pasta kochen. Brokkoli in mundgerechte Röschen teilen und die letzten 5–7 Minuten der Kochzeit mit in den Topf geben. In einem weiteren kleinen Topf eine gehackte Knoblauchzehe in Öl andünsten, mit 100 ml Wasser ablöschen und dann eine Packung Frischkäse einrühren. Mit Salz und Pfeffer abschmecken. Vor dem Servieren die Nudeln mit dem Brokkoli unter die Frischkäse-Soße heben.

Piroggi mit gebratener Zwiebel

Fertige Piroggi gibt es insbesondere in Polen in jedem Supermarkt.
Piroggi in einer Pfanne von allen Seiten anbraten (oder gemäß Anleitung auf der Verpackung zubereiten). In einer zweiten Pfanne oder einem beschichteten Topf eine gehackte Zwiebel in Öl anbraten. Die Piroggi auf Tellern anrichten und Zwiebel und etwas zerlassene Butter darübergeben. *Eskapade #9*

Käseplatte

Auf einem großen Teller oder Brettchen verschiedene Käsesorten anrichten. Dazwischen großzügig kleine Tomaten und Weintrauben verteilen. Etwas Baguette und einen Weißwein dazu – am besten direkt vom Winzer – und das Schlemmermahl ist perfekt.

Wrap-Pizza

Wrap in einer Pfanne von jeder Seite gut 1 Minute bei mittlerer Hitze braten. Anschließend nach Lust und Laune belegen (z. B. mit Tomatensoße, Basilikum, Salami und Käse) und in der abgedeckten Pfanne 4–5 Minuten backen.

Erfrischender Melonen-Feta-Salat

Benötigt werden: 1 kleine Wassermelone, 200 g Feta, entkernte dunkle Oliven, Saft einer Zitrone, Minzblätter, 1 TL Honig, Salz und Pfeffer.
Wassermelone und Feta in Würfel schneiden. Oliven halbieren. Alles in eine große Schüssel geben. Zitronensaft mit dem Honig verrühren und ebenfalls in die Schüssel geben. Alles vermengen. Mit Salz und Pfeffer abschmecken und vor dem Servieren mit Minzblättern garnieren.

NOCH MEHR ESKAPADEN …

Das gesamte Programm gibt's im Buchhandel
und unter www.dumontreise.de 

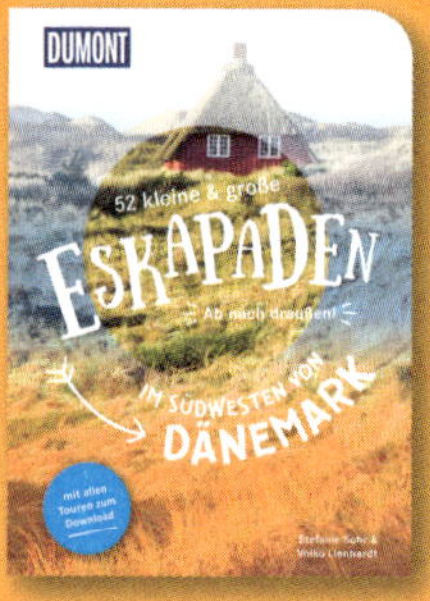

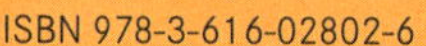

ISBN 978-3-616-02802-6

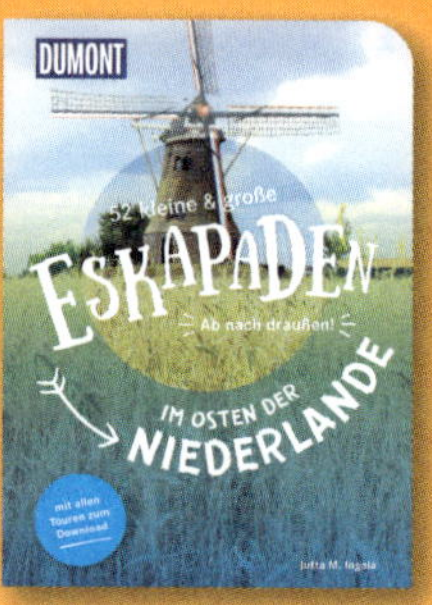

ISBN 978-3-616-11011-0

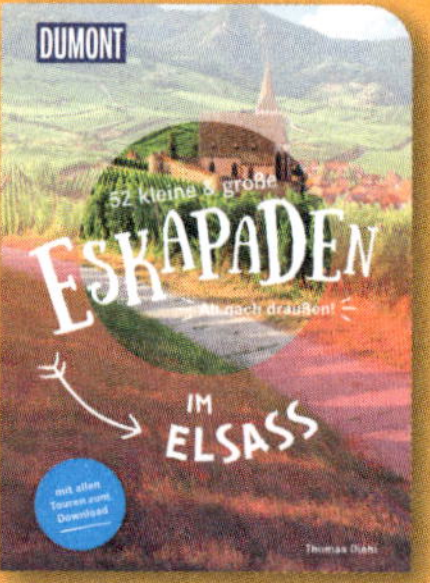

ISBN 978-3-616-11018-9

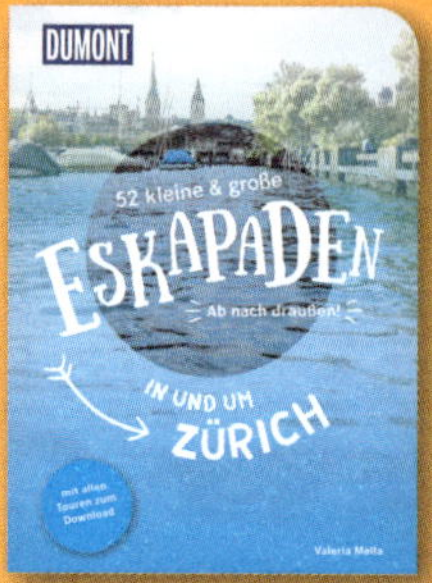

ISBN 978-3-616-11010-3

ISBN 978-3-616-11004-2

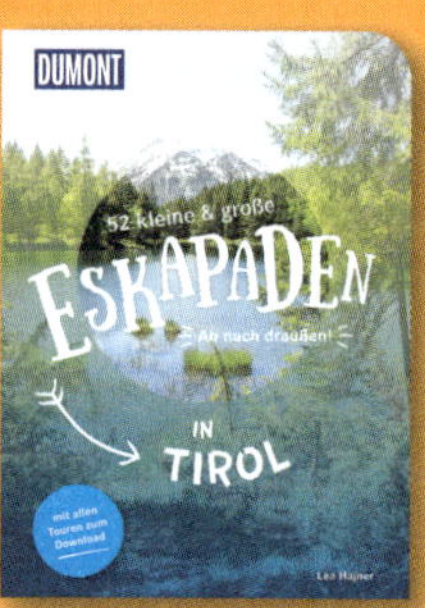

ISBN 978-3-616-11005-9

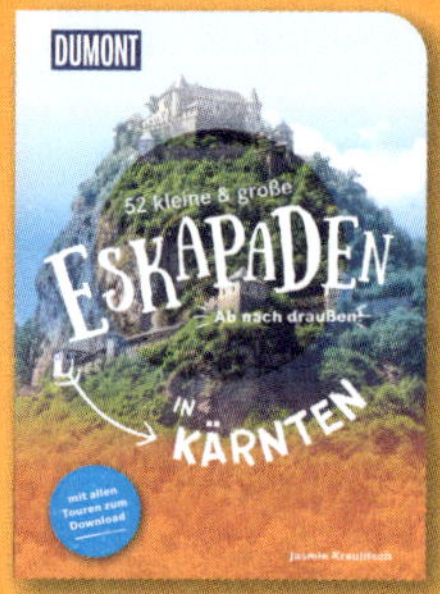

ISBN 978-3-616-11025-7

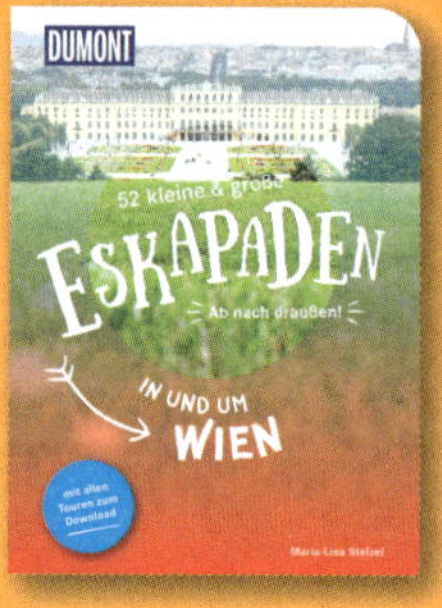

ISBN 978-3-616-11008-0

draußen
unterwegs in
Europa

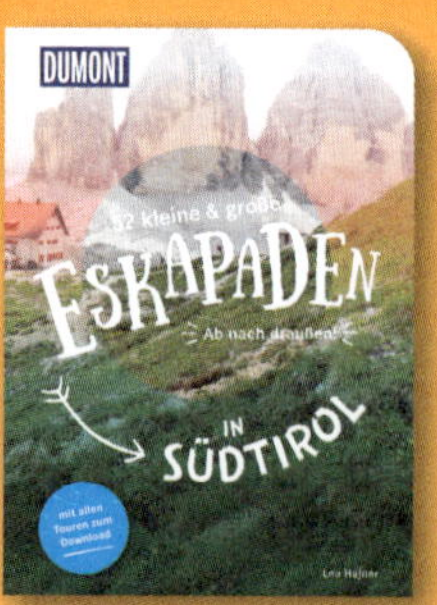

ISBN 978-3-616-11016-5

ISBN 978-3-616-02812-5

draußen
unterwegs quer durch
Deutschland

ISBN 978-3-7701-8228-2

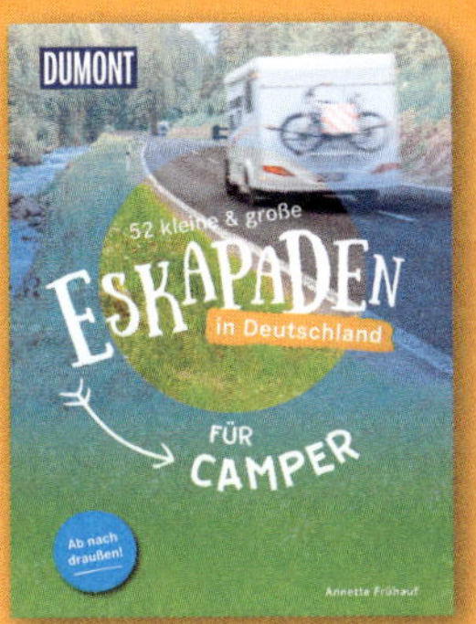

ISBN 978-3-616-11020-2

ISBN 978-3-616-02814-9

ISBN 978-3-616-11021-9

ISBN 978-3-616-11023-3

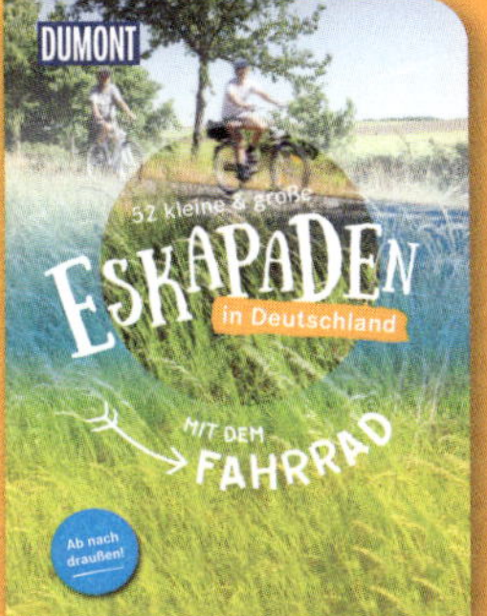

ISBN 978-3-616-03102-6

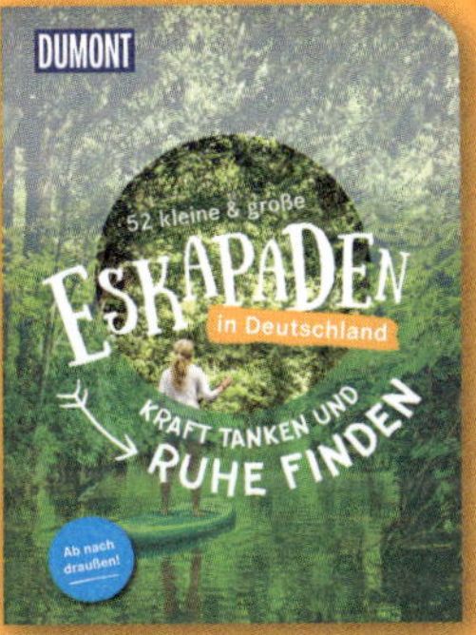

ISBN 978-3-7701-8233-6

ISBN 978-3-616-03100-2

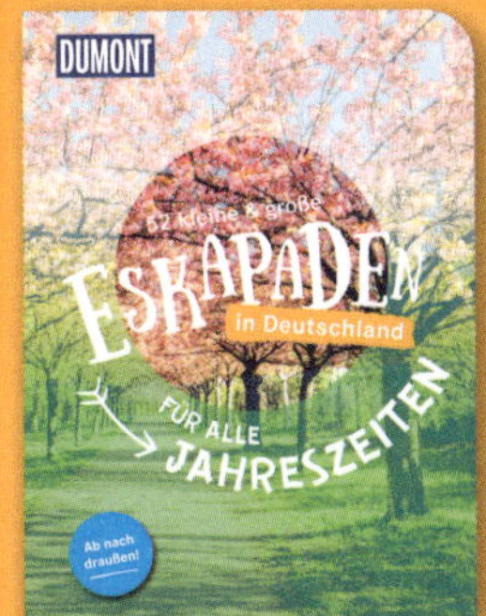

ISBN 978-3-7701-8235-0

ISBN 978-3-616-02811-8

ISBN 978-3-7701-8232-9

WEITERE DEUTSCHLAND-TOUREN...

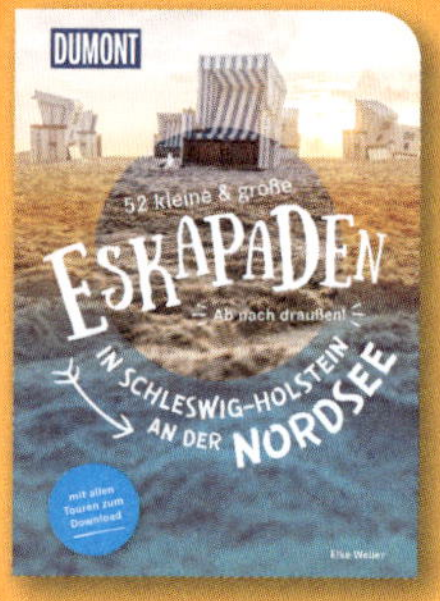

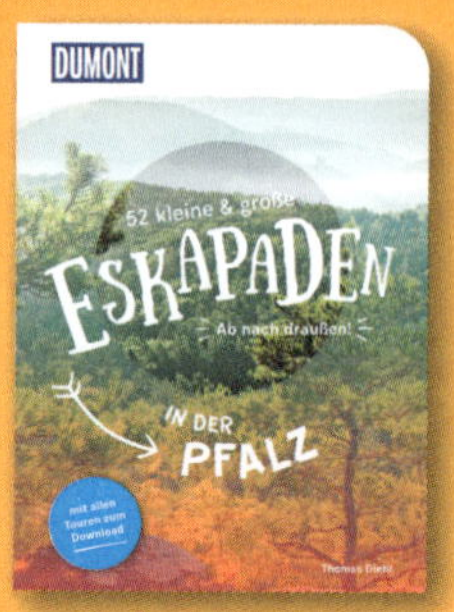

ISBN 978-3-616-11022-6 | ISBN 978-3-7701-8070-7 | ISBN 978-3-616-11026-4 | ISBN 978-3-7701-8094-3 | ISBN 978-3-7701-8089-9

IMPRESSUM

WER HAT WAS GEMACHT?

Reihenkonzept Monique Sorban

Projektmanagement Hanna Hacker, Tamara Siedler

Cover-/Buchgestaltung & Illustrationen Carolin Weidemann, Köln, www.weidemann-design.com

Umschlagproduktion, Lektorat & Buchproduktion Verlagsbüro Wais & Partner (Julia Kant, Bea König), Stuttgart, www.wais-und-partner.de

Text & Fotos Anja Hänisch, bullitour.com; mit folgender Ausnahme: mauritius images/Matthias Pinn (Titelbild)

Kartografie © KOMPASS, Innsbruck, unter Verwendung von Kartendaten von © OpenStreetMap-Mitwirkende, Lizenz CC-BY-SA 2.0

Hinweis Alle Informationen wurden mit größtmöglicher Sorgfalt geprüft. Infolge der Corona-Pandemie kann es allerdings zu kurzfristigen Geschäftsschließungen und anderen Änderungen vor Ort gekommen sein.

Printed in Poland

1. Auflage 2024

ISBN 978-3-616-03279-5
www.dumontreise.de

Ab nach draußen!
HYMER
EX 586

ESKAPADEN-REGISTER ...

Alle Orte mit Seitenverweisen

... über die Autorin

Mitten in der Natur aufwachen, keine Hektik, fahren, wohin man möchte, oder auch einfach dort bleiben, wo man gerade ist: Das macht die Faszination vom Reisen mit dem Wohnmobil aus.

Seit ihrer ersten Tour mit einem Camper hat Anja das Reise- und Vanlife-Fieber gepackt und seitdem nicht mehr losgelassen. Anfang 2019 hat sie sogar ihre Wohnung in Deutschland aufgelöst und reist seitdem dauerhaft – die meiste Zeit davon mit ihrem VW-Bus – durch Europa. Dabei liebt sie es, immer neue wundervolle Ecken zu entdecken und diese mit ihren Leser:innen zu teilen.

Auf ihrem Blog bullitour.com schreibt sie über ihre Reisen und das Leben als digitale Nomadin on the road.

Spaß pur

Eskapade #1: Mit dem Camper direkt auf den Strand fahren? Das geht auf dem breiten Autostrand auf Rømø. Mit Wind im Haar und Blick aufs Wasser lässt sich hier ein perfekter Tag verbringen.

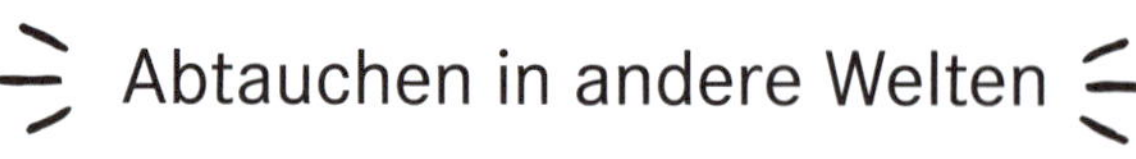

Abtauchen in andere Welten

Eskapade #12: Im ehemaligen Zinnbergwerk Důl Jeroným geht es mit Helm und Grubenlampe unter Tage. In dem Kulturdenkmal, das so weit wie möglich im ursprünglichen Zustand belassen wurde, bekommt man einen kleinen Einblick, wie die Arbeit hier früher gewesen sein muss. Im Sommer ist das 8 Grad kühle Bergwerk außerdem eine willkommene Abkühlung.

5 BESONDERE EMPFEHLUNGEN ...

Glück finden

Eskapade #20: Auf dem Miesweg wandert man auf Stegen und Pfaden nur knapp über der Wasseroberfläche des Traunsees. Das Glück wird perfekt, wenn man später in den kühlen See hüpft und eine Runde schwimmt.

Absolute Stille

Eskapade #16: Hoch oben in den Bergen über dem Vierwaldstättersee sind nur das Zwitschern der Vögel und der Wind, der sanft durch die Bäume streift, zu hören. Ansonsten ist man umgeben von Ruhe und einer herrlichen Aussicht.

Ungezähmte Natur

Eskapade #3: Auf der Watteninsel Schiermonnikoog hat die Natur das Sagen. Das Eiland, auf dem Autos nur in Ausnahmefällen erlaubt sind, erkundet man am besten mit dem Fahrrad. So spürt man die abwechslungsreiche Natur mit Strand, Dünen, Salzwiesen und Wäldern hautnah.

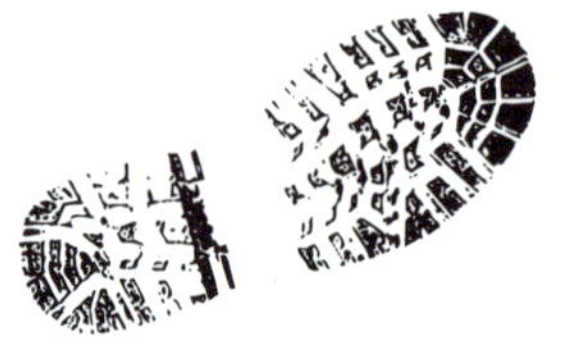